1. Auflage 2015

www.conbook-verlag.de

Einbandgestaltung: Diana Stanciulescu
Druck und Verarbeitung: CPI – Ebner & Spiegel GmbH, Ulm
Dieses Werk wurde vermittelt durch die Literaturagentur Kai Gathemann.

Printed in Germany

ISBN 978-3-943176-93-3

Die Nabel der Welt

Die verrücktesten Bräuche rund ums Babymachen, -kriegen und -haben

Nadine Luck

E-Book inside

Dieses Buch enthält einen individuellen Code, mit dem Sie sich einmalig kostenlos eine E-Book-Ausgabe herunterladen können.

1. Gehen Sie auf: www.conbook-verlag.de/ebookinside
2. Lesen Sie sich die dort aufgeführten Hinweise sorgfältig durch.
3. Wählen Sie dann Ihr gewünschtes E-Book-Format und tragen Sie Ihre E-Mail-Adresse und den in dieses Buch eingedruckten Code ein.
4. Wir schicken Ihnen daraufhin einen Downloadlink an die angegebene E-Mail-Adresse, mit dem Sie das E-Book herunterladen und dann auf Ihr Gerät übertragen können. Bei Amazon-Kindle-Nutzern erfolgt der Versand des E-Books direkt auf den Reader.

Wir wünschen Ihnen viel Freude beim Lesen.

Ihr CONBOOK Verlag

Für Valentin.
Wie schön, dass Du geboren bist!

Inhalt

Landliebe oder Sex in the City
Die Zeugung 9
Timing ist alles: Vom richtigen Zeitpunkt 11
Fruchtbarkeit oder: Die allgemeine Zeugungsreife 18
Notfallplan: Wenn es nicht klappt 22
Geist ist geil: Die spirituelle Zeugung 27
Blau machen – oder Rosa: Der Kampf der Geschlechter . . 31
Violett auf weiß: Der Schwangerschaftstest 37

Umstände weltweit
Die Schwangerschaft 41
Bräuche um die Bäuche: Beginn der Schwangerschaft . . 43
Das geht gar nicht: Der Schwangerschaftsknigge 48
Kein Futterpass: Der Speiseplan für Schwangere 58
Feste feiern: Ein Hoch auf die Hochschwangere 66
Beruf Hebamme: Männer müssen draußen bleiben 75
Endspurt: Abwarten und Himbeerblättertee trinken . . . 82

Jetzt kommt's!
Die Geburt 87
Geburtsort: 1000 places to see when you're born 89
Die Geburtsposition: Turnen für Fortgeschrittene 99
Die Schmerzverarbeitung: Viel Lärm oder nichts 104
Oh Mann: Die Rolle des Vaters 110
Tschüss, Mama: Abnabeln und Nachgeburt 115

Die Welt grüßt das Wunder
Willkommen, Baby! 129
Zwischen Gott und der Welt: Die ersten Stunden 131
Nicht Fisch, nicht Fleisch: Zwischen zwei Welten 136
Heilende Hülle: Babys erste (Schutz-)Bekleidung 140

Baby-Flitterzeit auf der Isolierstation
Das Wochenbett 155
40 Tage hinter Schloss und Riegel: Rückzug 157
Kraft tanken: Warm und satt im Wochenbett 163
Hilfe: Familienfürsorge und Betreuungsgeschäft 169
Männerkindbett: Erholung für das starke Geschlecht . . 173

Gesellschaft und Gesellschaften
Erste Besuche 177
Coming home: Begrüßungsdeko 179
Rauschende Feste: Die Freunde zu Gast 183
Gold und Geld: Die Geschenke 191

Essen, Pflege, Schlafen, Transport
Alltag in Babyhausen 197
Ernährung: Von Zaubertränken und Breikost 199
Alles für'n Popo: Windeln jeder Couleur 209
Feuchtfröhlich: Babys beim Baden 214
Gute Nacht: Das Sandmännchen international 217
Babys Chauffeure: Mamas und Papas tragende Rolle . . 227

Wie sie alle heißen
Namensgebung 233
Alexander, Freitag oder Harriet: Name ist Programm . . 235
Taufe und Namensfeste: Königs- und Gotteskinder 248

Die Premieren im ersten Lebensjahr
Das erste Mal 259
Der erste Haarschnitt: Kahlgeschoren oder modisch . . 261
Der erste Zahn: Ein Meilenstein in Weiß 266
Der erste Sport: Total verrückte Babywettkämpfe 269
Der erste Geburtstag: Happy Birthday, Baby! 271

Danke 279

Landliebe oder Sex in the City

Die Zeugung

Wie war das noch mit den Bienchen und den Blümchen? Ach so, das ist nur so ein Gleichnis für Eltern, die um den heißen Brei herumreden, wenn ihre Kinder fragen, woher um alles in der Welt die kleinen Babys kommen. Dabei geht es um die normalste Sache überhaupt – möchte man meinen. Die normalste Sache, die überall gleich abläuft, egal ob in Tschechien, China oder Marokko. Oder? Jein. Rein biologisch betrachtet ist der Zeugungsakt natürlich überall identisch. Das Drumherum beim Kindermachen jedoch ist nicht nur eine Frage des Geschmacks. Es geht den Menschen dieser Welt nicht nur darum, ob sie dabei *Kuschelrock Nummer 34* hören oder ob Kerzenlicht scheint, ob sich die Missionarsstellung besser eignet oder ein kunstvoller Knoten des Kamasutra. In vielen Ländern der Erde kommt es vielmehr darauf an, die (Geschlechts-)Verkehrsregeln der jeweiligen Kultur einzuhalten, um sich und den Nachwuchs nicht ins gesellschaftliche Aus zu bugsieren. Dieses Kapitel blickt unter die Bettdecken dieser Welt.

Timing ist alles: Vom richtigen Zeitpunkt, Kinder zu machen

In hiesigen Breiten sprechen Paare oft davon, dass es keinen richtigen Zeitpunkt fürs Kinderkriegen gibt. Eine unvollendete Ausbildung, ein anstehender Karrieresprung, Reisepläne, Beziehungsprobleme – irgendetwas ist immer. Auch Heiraten und Kinderkriegen gehören in Europa längst nicht mehr zusammen: In Deutschland wird jedes dritte Kind unehelich geboren, in Schweden jedes zweite. Island ist diesbezüglich Weltmeister: Im Land der Elfen und Feen kommen zwei Drittel aller Kinder außerhalb einer Ehe zur Welt. Anders in Griechenland: Hier haben nur vier Prozent der frischgebackenen Eltern keinen Trauschein. Noch geordneter sind die Verhältnisse in Japan: Dort wird nur jedes hundertste Kind außerehelich geboren.

Vor allem in islamisch geprägten Ländern gibt es ihn hingegen schon, den einzig richtigen Zeitpunkt zum Kinderkriegen – und zwar nach der Eheschließung. Am besten sehr flott danach, sonst machen sich die Verwandten einen großen Kopf ob des nicht vorhandenen Bauchs der Ehegattin. Uneheliche Kinder und vorehelicher Sex sind dagegen No-Gos im Islam. Uneheliche Kinder gehen denn auch leer aus, wenn ihr leiblicher Vater stirbt. Im Iran droht einem Paar, das beim vorehelichen Sex erwischt wird, sogar die Todesstrafe.

Doch auch in China, wo Kirche und Staat streng getrennt sind und Religionen keine große Rolle spielen, wünschen sich viele Männer eine Jungfrau zur Braut. Hier, wo falsche Rolex-Uhren und viele andere gefälschte Markenwaren für wenig Geld über den Ladentisch gehen, sind auch Operationen an der Tagesordnung, die gefälschten Jungfrauen ein zweites »Erstes Mal« ermöglichen.

Beim perfekten Timing zum Kinderkriegen ist den Chinesen der Blick in den Kalender wichtig. Eltern haben im Reich der Mitte bei der Zeugung das Tierkreiszeichen, das bei der Geburt regieren wird, im Auge. Ein chinesisches Tierkreiszeichen beeinflusst jeweils ein ganzes Jahr und nicht nur einen Monat, wie das bei den Sternzeichen der westlichen Astrologie der Fall ist (siehe Seite 13). Wer seinem Kind ein glückliches Leben ermöglichen will, achtet auf ein Glück bringendes Geburtsjahr. So gab es etwa im chinesischen Jahr des Pferdes, das von 31. Januar 2014 bis 18. Februar 2015 dauerte, einen Babyboom. Immerhin sollen Menschen, die in diesem Zeitraum geboren wurden, beliebt sein, gut gelaunt, kreativ und weise. Pferde stünden meist auf der Gewinnerseite. Klar, dass Eltern ihren Kindern das eher wünschen als im Jahr des Schafes geboren zu werden, das auf das Pferdejahr folgte. Denn dann soll der Nachwuchs zeitlebens von Unglück verfolgt sein. Die Chinesen nehmen ihren Kalender so ernst, dass sie teilweise sogar durch Geburtseinleitung oder Kaiserschnitt für das richtige Schutztier sorgen.

Gut zu wissen

Widder, Waage und Konsorten: Sonne, Mond und Sternzeichen

Jungfrauen sind die nüchternen Kollegen aus der Buchhaltung, die sich ständig über die unorganisierten, freiheitsliebenden Schützen aufregen? Jeder fünfte Deutsche glaubt gemäß der westlichen Astrologie an die Macht der Sterne und bekennt sich zum Einfluss von Horoskopen auf sein Leben. Viele Menschen sind überzeugt davon, dass die Sternenkonstellation während ihrer Geburt Charakter und Leben beeinflusst. Sie identifizieren sich mit dem Tierkreiszeichen, in dem die Sonne stand, als sie zur Welt kamen – es gibt ihr Sternzeichen an. Da die Sonne jeden Monat in ein anderes Tierkreiszeichen wechselt, dauert der Zyklus der zwölf Sternzeichen exakt ein Jahr. Wissenschaftliche Rückendeckung gibt es für den Einfluss der Sterne auf den Charakter des Menschen nicht. Dennoch soll es rationale Jungfrauen, dickköpfige Widder und hilfsbereite Wassermänner geben ...

Auch auf Malta haben Paare bei der Zeugung den Geburtstag ihres Babys im Blick. Denkbar schlecht wäre nämlich, es am 24. Dezember zu gebären – und das nicht nur, weil sich an Heiligabend so schlecht Kindergeburtstag feiern lässt. Auf der Mittelmeerinsel heißt es, dass sich die Geburtstagskinder des 24. Dezembers alle Jahre wieder in einen Geist namens Gawgaw verwandeln. Die Gawgaws spuken in der heiligen Nacht durch die Gegend, um andere Menschen durch ihr Stöhnen zu erschrecken. Kinder wachsen in Malta in dem Glauben auf, der Gawgaw würde sie holen, wenn sie sich schlecht benehmen, und sie dann in ein fernes Land entführen, wo sie an Hunger und Einsamkeit sterben. Wenn die Gawgaws am Morgen des ersten Weihnachtstages aufwachen, stecken sie wieder in ihren menschlichen Körpern und können sich nicht an den nächtlichen Spuk erinnern.

Ein günstiger Geburtstermin auf Malta ist hingegen der 15. August: Wenn ein junger Mann zu Mariä Himmelfahrt geboren wird, wird ein erfolgreicher Pferdejockey aus ihm. An und um diesen Tag herum steigen auf der Insel viele spektakuläre Feste, die Dörfer putzen sich heraus, Feuerwerke gehen in die Luft.

Generell rät der maltesische Volksglaube, in den Monaten Januar, April oder August zu heiraten und Kinder zu zeugen. Das sind die Monate, an denen der Boden am fruchtbarsten ist, und somit auch die Frau. Logisch, oder? Im Mai hingegen, dem in Deutschland beliebtesten Heiratsmonat, sollten sich Malteser eher nicht das Ja-Wort geben: Mai-Ehen halten entweder nicht, oder sie bringen ungehorsame Kinder hervor. Frischvermählte können dies nur verhindern, indem sie die Jungfrau Maria anbeten.

Gebetet wird überhaupt viel im kleinen Inselstaat. Zum Beispiel um Regen bei der Trauung. Das war jetzt kein Druckfehler. Die Malteser sind nämlich überzeugt davon, dass einer verregneten Hochzeit eine leichte Geburt des ersten Kindes folgt – egal ob es sich dabei um die eines Jockeys oder die eines Gawgaws handelt.

In Mitteleuropa dürfte bei der Zeugung der genaue Geburtstermin eine eher untergeordnete Rolle spielen. Die hiesigen Bewohner produzieren vielmehr kleine Babybooms, wenn sie gute Laune oder schlechten Fernsehempfang haben. Daher hatte die Fußballweltmeisterschaft im Jahr 2006 in Deutschland ein demografisches Nachspiel: Neun Monate nach dem sportlichen Sommermärchen stieg die Geburtenrate an, der fröhlichen Stimmung und vielleicht auch dem süffigen Bier sei Dank. Auch die Weltmeisterschaft in Brasilien im Jahr 2014 hat für Hochstimmung in Deutschlands Betten gesorgt, und 2015 soll es wieder einen Babyboom in Deutschland geben, dem WM-Titel sei Dank. Dasselbe erlebten die Franzosen im Jahr 1998: Damals wurde das Land Weltmeister, was neun Monate später mit vielen neuen, kleinen Ribérys gefeiert wurde.

Solche Kollektivschwangerschaften erleben unsere westlichen Gesellschaften sonst nur noch, wenn der Strom ausfällt. Just neun Monate, nachdem der Hurrikan »Sandy« über den USA gewütet und für Kerzenlicht statt für Fernsehflimmern gesorgt hat, sollen auffallend viele neue amerikanische Staatsbürger das (dann wieder elektrische) Licht der Welt erblickt haben.

Ticker-Info

Sudan: Hochzeit gilt erst nach dem zweiten Kind

Während in den meisten Ländern der Welt die Hochzeit traditionellerweise den Startschuss fürs Babymachen gibt, machen Kinder die Eheschließung im Stamm der Nuer im Sudan erst komplett: Hier gilt die Hochzeit bis zur Geburt des zweiten Kindes als nicht abgeschlossen. Solange es nur einen einzigen Nachfahren gibt, darf die Ehe noch geschieden werden. Erst beim zweiten Kind ist sie verbindlich, und sogar drei Kinder braucht es, damit sie und die Mutter zu vollwertigen Mitgliedern des Clans des Mannes werden. Das Ziel sind sechs Kinder.

Gut zu wissen

Studie: Großbritannien hat die ältesten Mütter

Englische und deutsche Ladys bekommen ihr erstes Kind weltweit am spätesten, sie sind bei der Geburt durchschnittlich 30 Jahre alt. Das ist das Ergebnis einer weltweiten OECD-Studie aus dem Jahr 2012. Rund ein Jahr jünger, nämlich 29 Jahre alt, sind die Erstgebärenden diverser weiterer Nationen wie Italien, Spanien, Korea, Schweiz, Niederlande, Japan. In skandinavischen Ländern sind die Frauen zu diesem Zeitpunkt rund 28 Jahre alt. Deutlich früher ist die Geburt der ersten Kinder von US-Amerikanerinnen: Sie sind im Mittel nur 25 Jahre jung, ebenso wie in Polen und Estland. Auffällig ist, dass Frauen aus ärmeren osteuropäischen und lateinamerikanischen Ländern vergleichsweise bald Mütter werden. Die jüngsten Mütter weltweit stammen aus Mexiko, hier sind die Mütter erst 21, gefolgt von Lettland mit 24,5 Jahren und Bulgarien mit fast 25 Jahren.

Fruchtbarkeit oder: Die allgemeine Zeugungsreife

Handystrahlen machen unfruchtbar, und wer beim Telefonieren Cola trinkt, Fahrrad fährt oder gar zu heiß badet, kann schlicht vergessen, jemals einen Stammhalter zu zeugen. Jedenfalls, wenn man modernen Fruchtbarkeitsmythen glaubt. Doch keine Sorge: Ganz so schlimm, wie es die aktuellen Ammenmärchen darstellen, sollte es zum Glück nicht um unsere Fruchtbarkeit bestellt sein, sonst wäre unsere immertelefonierende, Cola trinkende, Fahrrad fahrende Gesellschaft bereits im Begriff auszusterben. Außerdem hat jede Kultur ihre eigenen Tricks und Kniffe, um die Fruchtbarkeit wieder anzukurbeln. (Das Handy vor dem Kinderzeugen auszuschalten und seinen Partner anschließend mit voller Aufmerksamkeit zu verwöhnen, kann dennoch nicht schaden.) Eine Auswahl der kuriosesten Bräuche, die in der Regel während oder nach der Hochzeit stattfinden.

»Der Storch auf dem Baum erfüllt so manchen Kindertraum. Doch kann er das nicht ganz allein, ihr müsst ihm schon behilflich sein.« Durch einen Wink mit dem Zaunpfahl – oder vielmehr mit einem ganzen Baum – fordert die Hochzeitsgesellschaft vor allem im südlichen Bayern vom

Brautpaar, baldigst ein Kind zu zeugen. Freunde stellen zur Hochzeit einen sogenannten Kindsbaum auf, einen fünf bis zehn Meter langen Stamm, der ähnlich wie ein Maibaum weiß-blau bemalt ist, in den bayerischen Landesfarben. An den Ästen hängen Babyaccessoires wie Kleidung, Schnuller, Lätzchen, und auf der Spitze hockt ein Storch. Gibt es innerhalb eines Jahres keinen Nachwuchs, montieren die Freunde den Baum wieder ab – und verlangen eine Brotzeit dafür. Kündigt sich der Nachwuchs rechtzeitig an, gibt es ebenfalls eine Brotzeit – auf Kosten der Freunde.

In Tschechien wird dem Brautpaar bereits vor der Heirat anschaulich demonstriert, wie das Ergebnis der Mühen in der Hochzeitsnacht aussehen soll: Vor der Hochzeitszeremonie wird ein Baby aus Fleisch und Blut im Bett des Paares platziert, was der Fruchtbarkeit dienen soll.

In Thailand wird es noch enger im ehelichen Schlafgemach: Hier ist es Brauch, dass Hochzeitsgäste das Bett vorwärmen. Das Paar, das am längsten verheiratet ist, legt sich hinein und segnet es, die gesamte (!) Hochzeitsgesellschaft steht drumherum. Wer glaubt, dass das Ehepaar zumindest danach Platz im Bett haben dürfte, irrt: Das »alte« Ehepaar legt sich nämlich nicht nur selbst ins Bett, es platziert darin auch Sesam, Reis, einen Steinstößel, Münzen und eine mit Regenwasser gefüllte Schüssel.

Die ganze Zeremonie soll Wohlstand symbolisieren und – genau – die Fruchtbarkeit stärken. Zum Glück räumt zumindest das alte Ehepaar wieder das Bett, die Gegenstände aber bleiben drei Tage lang darin liegen. Ob das frisch vermählte Paar sich während der Hochzeitsnacht gut vermehren kann, wenn es Angst haben muss, dabei das Regenwasser zu verschütten?

Ebenfalls aus Asien stammt der Brauch, frisch vermählte Paare mit Reis zu bewerfen. Die Anzahl der Reiskörner, die im Haar der Braut hängen bleiben, sagt die Anzahl der künftigen Kinder voraus. Aber Vorsicht: Es soll schon vorgekommen sein, dass Braut oder Bräutigam nach diesem Ritual beim Hals-Nasen-Ohrenarzt vorsprechen mussten, weil sich ein Reiskorn in den Gehörgang verirrt hatte.

Auch das Blumenstreuen in dem Moment, in dem das Brautpaar aus dem Standesamt oder der Kirche schreitet, soll Kindersegen bringen. Immerhin werden Fruchtbarkeitsgöttinnen durch den Duft der Blüten angelockt, so die Vorstellung. Sowohl das Reiswerfen als auch das Blumenstreuen sind vor deutschen Standesämtern und Kirchen häufig nicht mehr erlaubt, aus Angst, die Leute könnten auf Reis und Blumen ausrutschen. Kinder pusten stattdessen häufig Seifenblasen. Es bleibt zu hoffen, dass das kein Symbol dafür ist, dass der Kinderwunsch oder sonstige Träume des frisch vermählten Paares wie Seifenblasen zerplatzen.

Statt mit Blumen werden die Bräute der Massai in Kenia mit Beleidigungen überhäuft und vielleicht sogar mit dem Mist von Tieren eingerieben, um auf den steinigen Ehealltag vorbereitet zu sein. Dass der Brautvater Kopf und Brust der Tochter mit Milch bespuckt, soll ihr hingegen Kindersegen bringen. Er begleitet das Ritual mit den Worten: »Mögen dir viele Kinder beschert sein.« Leider ist die Braut im Gegensatz zum Bräutigam oft selbst noch ein Kind, denn häufig werden die Massai mit wesentlich älteren Männern zwangsverheiratet.

Auch der englische Honeymoon hat nichts als die Fruchtbarkeitsförderung im Sinn. Der Begriff heißt übersetzt »Honigmond« und leitet sich vom guten alten Honigwein (Met) ab. Frisch vermählte angelsächsische Paare sollen einem alten Brauch zufolge nach der Hochzeit einen Mondzyklus lang jeden Abend ein Gläschen davon trinken. Er soll Männer leistungsstark und Frauen fruchtbar machen. Die Wahrscheinlichkeit auf männlichen Nachwuchs soll sich durch den Zaubertrunk erhöhen. Vielleicht – aber das ist jetzt eine böse Unterstellung – sind die englischen Frauen auch einfach nur williger, wenn sie Abend für Abend Alkohol konsumieren.

Notfallplan: Wenn es nicht klappt

Ach, wenn das Kindermachen doch nur immer gelingen würde, sobald der Partner und die Umstände passen. Doch viele Paare dieser Erde müssen lange darauf warten, bis der Schwangerschaftstest schwarz auf weiß – beziehungsweise violett auf weiß – die frohe Botschaft verkündet. In Marokko, wo unfruchtbaren Frauen die Scheidung droht, gibt es für frisch vermählte Bräute daher das Label »fast schwanger«. Durch die Ankündigung, es werde bald gezeugt, lastet weniger Erfolgsdruck auf einer jungen Ehe, weil sich die Verwandten damit erst mal zufriedenstellen lassen.

Die Beinahe-Schwangerschaft ist nicht der einzige Notfallplan, den es in nordafrikanischen Gesellschaften für noch-nicht-schwangere Frauen gibt: In ländlichen Gegenden kursiert immer noch die Legende vom »schlafenden Kind« im Mutterleib. Diese besagt, dass sich in den Körpern von Frauen Föten einnisten, die jedoch in ihrer Entwicklung pausieren, weil sie gerade ein Nickerchen einlegen. Sie schlafen entweder spontan ein, aus einer Laune der Natur heraus – oder durch Fremdeinwirkung etwa eines Heilers. Bis die ungeborenen Kinder wieder aufwachen, können Monate oder gar Jahre ins Land ziehen. Wenn dieser Fall eingetreten ist, wachsen sie weiter – bis zur Geburt. Eine Schwangerschaft kann demnach in Marokko und anderen nordafrikanischen Ländern nicht nur neun Monate, sondern einige Jahre dauern.

Die Geschichte vom »schlafenden Kind« ist übrigens keine bewusste Hinhaltetaktik der »werdenden Mütter« – die »Schwangeren« sind in der Regel wirklich davon überzeugt, dass ein Fötus in ihrem Körper schlummert. Dieser Mythos ist ein wichtiger Schutz für Frauen in einer Gesellschaft, in der die Unfruchtbarkeit gravierende Folgen hat. Wenn sie nicht bald nach der Eheschließung schwanger werden, gewinnen sie durch diese Tradition Zeit, um vielleicht noch ein Kind zu bekommen. Oder sie gewinnen Zeit, um doch noch einen Sohn zu gebären, wenn es bisher »nur« Töchter gab. Sie können durch den Brauch des schlummernden Stammhalters der Scheidung entgehen oder erst mal mit dem Kindermachen pausieren, weil sie vielleicht bereits einige Geburten hinter sich haben.

Vielleicht wollen sie auch einfach nur mit der Geburt ihres Kindes warten, bis der Mann von einer langen Reise zurück ist.

Ein weiterer möglicher Vorteil einer in die Länge gezogenen Schwangerschaft ist, dass das spät geborene Kind einem Ehemann auch nach einer langen Reise, nach der Scheidung oder gar nach dem Tod untergeschoben werden kann – ein Segen für die Frauen und eine Chance, doch noch ans Erbe des Mannes zu gelangen. So verkündet die Deutsche Botschaft in Rabat auf ihrer offiziellen Internetseite www.rabat.diplo.de (Stand: Dezember 2014):

»Erbfähig ist, wer zum Zeitpunkt eines Erbfalls gezeugt ist (gem. Art. 84 [des »Code du Statut Personnel et des Successions« (CSPS)] kann die Schwangerschaft bis zu einem Jahr dauern) und lebend geboren wird.«

Ticker-Info

Zur Tradition der schlafenden Schwangerschaft gibt es auch einen marokkanischen Film: *Das schlafende Kind,* Regie: Yasemine Kassari, aus dem Jahr 2005.

Gut zu wissen

Eins plus eins: Zwei-Kind-Politik in China

Nicht nur beliebte Tierkreiszeichen des chinesischen Kalenders bestimmen das Paarungsverhalten im Reich der Mitte (siehe Seite 13), es ist vor allem die dortige Regierung, die größten Einfluss auf die Familienplanung der Bürger nimmt. Seit den Achtzigerjahren betreibt sie die sogenannte Ein-Kind-Politik, um Hungersnöten und Wirtschaftskrisen vorzubeugen. Wer seither ohne behördliche Erlaubnis mehr als ein Kind bekommt, muss mit einer hohen Geldstrafe sowie weiteren Sanktionen wie Jobverlust oder Benachteiligung bei Kindergarten- und Schulplätzen rechnen. Auch Zwangssterilisationen und Spätabtreibungen stehen auf der Tagesordnung, ebenso Abtreibungen von Mädchen, da Söhne als wertvoller gelten.

Ende 2013 lockerte die Regierung die Familienpolitik: Wenn eines der Elternteile selbst Einzelkind ist, darf das Paar fortan zwei Kinder bekommen. Bisher galt diese Ausnahme von der Ein-Kind-Regelung nur für Eltern, bei denen beide Partner geschwisterlos sind, sowie für Familien auf dem Land, deren erstes Kind ein Mädchen ist. Diese erhielten die Chance auf einen männlichen Stammhalter. Auch ethnische Minderheiten wie Tibeter oder Uiguren durften sich im Gegensatz zur Bevölkerungsmehrheit, der sogenannten Han-Chinesen, beim Kindermachen frei fühlen.

Die Folgen dieser Politik liegen auf der Hand: Frauenmangel, Förderung der Prostitution und des Mädchenhandels. Nur jeder fünfte männliche Chinese findet eine bessere Hälfte. Im Jahr 2020 dürfte es im Alter zwischen 10 und 29 Jahren 30 bis 40 Millionen weniger Frauen als Männer geben.

Auch in Zukunft dürften trotz der Lockerung der Gesetze Einzelkinder die Regel bleiben, denn die chinesische Gesellschaft hat sich bereits an dieses Familienmodell gewöhnt. Dazu kommt, dass hohe Lebenshaltungskosten den Fortpflanzungstrieb bremsen. Auch die Tatsache, dass nach wie vor für jede Geburt eine amtliche Genehmigung nötig ist, ist eher Hindernis als Aufforderung zum Kinderkriegen.

Insgesamt hat die strenge Familienpolitik der vergangenen Jahrzehnte die Geburt von rund 300 Millionen Kindern verhindert. Kritiker verurteilen die chinesische Familienregulierung als Angriff auf die Würde des Menschen, der das Recht auf selbstbestimmte Familienplanung mit Füßen tritt.

Ticker-Info

USA: Zeugungsverbot per Gerichtsbeschluss

Nicht nur in China redet der Staat bei der Fortpflanzung seiner Bürger mit, auch in den USA sind Zeugungsverbote immer wieder ein Thema. 2013 wurde ein Mann dazu verurteilt, während der kommenden fünf Jahre Bewährungszeit keine weiteren Kinder mehr zu bekommen. Diese richterliche Anordnung gilt, bis der säumige Vater den Rückstand von rund 100.000 Dollar (rund 73.000 Euro) bei den Unterhaltszahlungen an seine bereits geborenen vier Kinder begleicht. Seine Anwälte argumentierten, dass dies das Grundrecht auf Fortpflanzung einschränkt. Ein Berufungsgericht hat Mitte 2014 das Urteil der niedrigeren Instanz bestätigt. Wenn der Mann dennoch ein weiteres Kind zeugt, droht ihm eine Haftstrafe. Ähnliches hatte ein US-Kommandeur für seine in den Irak abkommandierte Truppe beschlossen: Wenn US-Soldatinnen schwanger wurden, sollten sie nach Informationen des US-Fernsehsenders ABC vor ein Militärgericht gestellt werden. Ist der Erzeuger ebenfalls Soldat, steht auch ihm eine Strafe bevor.

Geist ist geil: Die spirituelle Zeugung

Ein Spermium dringt in die Eizelle ein – und fertig ist die Zeugung? Mitnichten! In vielen Kulturen ist die Zeugung nicht nur ein körperlicher, sondern auch ein spiritueller Akt. Und noch mehr: Um als schwanger zu gelten, genügt in manchen Völkern allein die geistige Befruchtung.

Bei den Dogon etwa, einer Volksgruppe aus dem westafrikanischen Mali, empfängt die Frau nur dann ein Kind, wenn ihr der Mann vor dem Liebesakt Geschichten von den Vorfahren erzählt, so der Volksglaube. Undenkbar in unseren Breiten, wo Anekdoten von der Schwiegermutter als Liebestöter fungieren! Bei den Dogon jedoch fließen die Geschichten in den Körper der Frau und werden dort zu einer Flüssigkeit, die Merkmale des Mannes trägt. Andere Quellen berichten, dass die Zeugung bei den Dogon auch gelingt, wenn Mann und Frau sich beim Geschlechtsverkehr die Liebe schwören. Diese Praxis wird auch hierzulande zur Nachahmung empfohlen.

Die Onge, die auf den Andamanen südwestlich von Burma leben, holen sich die Kinder quasi aus dem Meer. Will eine verheiratete Frau Mutter werden, steigt sie bei Ebbe auf einen der Steine am Ufer, die der Legende nach einst Kinder gewesen sind. Eins davon schlüpft nun in ihren Körper, um wieder ein Mensch aus Fleisch und Blut zu werden.

Bei den Aborigines, den Ureinwohnern Australiens, existiert das Kind bereits vor der Zeugung als Seele. Das sogenannte Geistkind und seine Eltern suchen sich gegenseitig, denn für die körperliche Zeugung ist es unerlässlich, dass sich die Familie findet. Wenn das Paar nämlich kein Geistkind hat, kann sich daraus kein Baby aus Fleisch und Blut entwickeln.

Wo sich Eltern und Geistkind finden? Es kommt vor, dass der werdende Vater die Seele seines Nachwuchses bei der Jagd oder beim Angeln erkennt, in Gestalt eines Wildtieres oder eines Fisches. Vielleicht träumt er auch vom Stammhalter. Sobald er ihn gefunden hat, reicht er ihn an seine Frau weiter. Wenn der Vater das Geistkind bei der Jagd erbeutet, hat dieses nach seiner »echten« Geburt ein Mal an der verwundeten Stelle.

Doch die Frauen der Aborigines brauchen für die Empfängnis eines Geistkindes nicht zwingend männlichen Beistand. Wünschen sie sich Nachwuchs, suchen sie einen heiligen Kraftort auf, etwa eine sogenannte »Fruchtbarkeitshöhle« am heiligen Berg Uluru, dem weltbekannten Ayers Rock. Die eigentlich raue Oberfläche der Felswände ist dort glatt gerieben, da der Kontakt mit ihr die künftigen Mütter fruchtbar machen soll.

Im Anschluss an dieses Ritual lassen diese sich in der Nähe von Teichen, Bäumen oder Felsen rund um den Uluru nieder – an Orten, wo sich der Legende nach Geistkinder tummeln. Dort locken die Frauen ihren Nachwuchs in ihren Schoß. Sehen können sie ihn meist nicht, denn Geistkinder sollen so klein wie Walnüsse sein, dunkle Haut und/oder dunkle Haare mit hellen Strähnen haben. Die Aborigines im Westen Australiens sind überzeugt davon, dass die Geistkinder übers Land wandern und sich ebenso wie »normale« Kinder in Teichen tummeln.

Beim Stamm der Dagara im westafrikanischen Burkina Faso beginnt das Leben des Kindes ebenfalls deutlich vor der körperlichen Empfängnis, die Seele lebt bereits im Jenseits. Als Geburt gilt der Zeitpunkt, an dem die Mutter die Anwesenheit ihres künftigen Babys spürt, in Gedanken oder im Traum. Wenn sie bereit ist, ihr Kind zu empfangen, verlässt sie ihr Dorf und nimmt im Schatten eines Baumes Platz. Hier wartet sie, bis ihr das persönliche Lied ihres Kindes in den Sinn kommt. Dieses Lied wird das künftige Kind sein Leben lang begleiten, während der Schwangerschaft, der Geburt – bis zum Tod. Sobald seine Mutter diese Melodie gehört hat, kehrt sie zurück ins Dorf und bringt sie dem künftigen Vater bei.

Bis es zur körperlichen Zeugung kommt, muss allerdings noch die Beziehung der beiden intakt sein. Immerhin ist sie das »Haus«, in dem das Kind später leben wird. Im offenen Gespräch räumt das Paar seine Probleme aus dem Weg. Auch ihre eigenen frühkindlichen Verletzungen verarbeiten Mutter und Vater im Vorfeld der Zeugung, um sie nicht an den Nachwuchs weiterzugeben. Üblich ist auch ein offenes Gespräch mit der gesamten Dorfgemeinschaft – denn bei den Dagara ist nichts privat. Eine Beziehung ist nicht nur Sache der Liebenden, sie geht alle an. Als Friedenszeichen tauscht das Paar nach der Paartherapie Wasser aus, in welcher Form auch immer – manchmal schüttet es sich sogar ganze Wassereimer über den Kopf.

Wenn sie schließlich bereit sind, das Kind auch körperlich zu empfangen, kommt es zum Geschlechtsverkehr. Für die musikalische Untermalung sorgt das Paar höchstselbst: Es singt das Lied des Kindes, um es einzuladen und willkommen zu heißen.

Blau machen – oder Rosa: Der Kampf der kleinen Geschlechter

»Uns ist egal, was es wird – Hauptsache, der Bub ist gesund!« Dieser Spruch trifft ganz gut, was sich Paare in den meisten Kulturen der Welt vor der Geburt des ersten Babys wünschen. Ein Stammhalter soll her, sei es aus materiellen Gründen, weil ein Junge später den Bauernhof übernehmen, die Eltern versorgen oder gar einen Thron besteigen soll, und weil die Mitgift für das Mädchen bei der späteren Hochzeit schlicht ruinös wäre für die Familie. Oder sei es aus emotionalen Gründen, weil Männer gerne ihren Namen vererben oder gemeinsam mit einem Sohn den Fußballclub anfeuern wollen. Andererseits wünschen sich auch viele Familien ein Mädchen, damit Mama noch einmal eine Glitzerphase ausleben und die Tochter in *Fifty Shades of Pink* einkleiden kann. Der Volksglaube in diversen Ländern hat viele Möglichkeiten in petto, um das Geschlecht teilweise schon vor der Schwangerschaft vorherzusagen – oder es sogar gezielt zu beeinflussen. Die Trefferquote gibt den Wahrsagern häufig recht: Sie liegt bei immerhin rund 50 Prozent.

Bei den Eskimos muss das Paar kräftig rackern, sofern es einen Jungen will. Die Eisbewohner glauben, dass sie für einen Jungen mehr Sex haben müssen als für ein Mädchen, denn ein kräftiger Sohn müsse erst »aufgebaut« werden. Aus diesem Grund schlafen sie auch während der Schwangerschaft noch eifrig miteinander. Eine der Sexstellungen soll auch Eskimorolle genannt werden. (Das war jetzt gelogen). Zusätzlich zum regen Geschlechtsverkehr hilft ein Power-Drink bei der Zeugung eines Stammhalters: Wenn die werdende Mutter Wasser trinkt, auf das der Mond geschienen hat, erhöhen sich die Chancen auf einen Sohn weiter. Zeigt sich der Mond in den Nächten nach der Zeugung auffallend oft, ist das ein Zeichen, dass es wohl geklappt hat mit dem Wunschgeschlecht.

In Deutschland dürfte es vergleichsweise einfach sein, einen Jungen zu zeugen: Hier schlüpft der Mann beim Geschlechtsakt in Gummistiefel. Den Friesen zufolge gibt es dann sogar einen Seemann. Gummistiefel zu tragen ist zwar nicht so erotisch wie wenn die Dame der Schöpfung beim Liebesgeschehen in Stöckelschuhe steigt – aber sachdienlicher sollen sie halt sein. Doch: Aus vertraulichen Quellen wissen wir, dass die Sache mit den Gummistiefeln nicht immer klappt. Wer sich ganz dolle einen Sohn wünscht, sollte daher möglicherweise zusätzlich einen Brauch aus ländlichen Gegenden Süddeutschlands versuchen: Wenn der Bräutigam während der Hochzeitsnacht Hosenträger aus dem Fenster hängt, sollte die Zeugung eines Stammhalters gelingen. Ein guter Grund dafür, in Deutschland einen Jungen zu zeugen, ist nicht nur, dass Papa später einen Fußballkumpel kriegt. Es heißt auch, dass ein Mädchen der schwangeren Mutter die Schönheit raubt, während ein Junge sie zum Blühen bringt. Das Mädchen mache der Mutter schon in der Schwangerschaft als künftige Rivalin das Leben schwer.

Ist der Babybauch spitz, wird es ein Junge, ist er breit, wird es ein Mädchen. Richtig? Die Engländer sagen: »Right« – und haben auch eine Erklärung für dieses Phänomen parat: Jungs brauchen ihre Unabhängigkeit, also sind sie tiefer und/oder weiter vorne im Bauch. Mädchen brauchen mehr Schutz, also drücken sie sich möglichst weit nach oben, ganz eng und mit möglichst viel Tuchfühlung an die Mutter.

Um die Bauchform-Theorie zu unterstützen, pendeln viele werdende Mütter das Geschlecht ihres Kindes aus. Dieser Brauch stammt von den ungarischen Roma und ist längst in ganz Europa verbreitet. Hierfür wird ein Ring, am besten der Ehering, an einem Faden befestigt und über den Nabel der Schwangeren gehalten, die auf dem Rücken liegt. Wenn das Pendel nun Kreise formt, ist das ein Hinweis auf ein Mädchen. Schwingt es wie das Ticktack-Pendel einer alten Standuhr von einer Seite zur anderen, wird's ein Junge. Wenn die Prognose nicht gestimmt hat, war die Uhr kaputt.

Viele Frauen haben während ihrer Schwangerschaft Heißhungerattacken. In der Türkei schaut man genau hin, was eine werdende Mutter dabei verschlingt, denn gelüstet ihr nach Herzhaftem, Scharfem oder Saurem, dann bekommt sie wohl ein Mädchen. Süßes hingegen ist ein Indiz für einen Jungen. »Iss Süßes und gebäre einen Reiter« ist denn auch eine türkische Redewendung. Erstaunlicherweise geht dieses Gelüste-Orakel in anderen europäischen Ländern wie Deutschland und England genau andersrum: Süße Früchte, Schokolade, Saft prophezeien ein Mädchen, Salziges, Käse und Fleisch einen Jungen. Wie gut, dass sich die meisten Schwangeren nicht in eine kulinarische Ecke drängen lassen und einfach saure Gurken und süße Schokolade im bunten Wechsel naschen.

Überhaupt ist das Thema Ernährung wichtig für werdende Mütter. Gesundes Essen gehört auf den Tisch. In Portugal genügt das alleine noch nicht, hier muss der Speiseplan Obst und Gemüse in bestimmten Formen enthalten. Wünschen sich die Eltern einen Jungen, muss die Frau länglich geformte Gemüsesorten wie Karotten und Gurken essen. Darf es ein Mädchen werden, schmecken Äpfel und Trauben – denn runde Früchte sorgen dem Volksglauben zufolge für weiblichen Nachwuchs. Guten Appetit!

Wer in Korea Spaß bei seiner Hochzeit hat, dürfte vermutlich danach ein Mädchen zeugen: Wenn der Bräutigam am Tag der Eheschließung viel lächelt, wird sein erstes Kind weiblich. Hoffentlich vergeht ihm das Lachen dabei nicht … Während einer koreanischen Hochzeit können aber auch die Weichen für die Empfängnis vieler Jungs gestellt werden. Traditionell bewerfen die Eltern des Bräutigams die Braut mit Nüssen und Pflaumen; dies soll die Fruchtbarkeit fördern. Wenn die Braut nun mit dem Rock ihres Hochzeitskleides viele Nüsse einfängt, bekommt sie später viele Söhne. Spätestens dann dürfte der Bräutigam wieder herzhaft lachen können.

Auf Regen folgt Sonne – und wer Glück hat, sieht dann auch einen Regenbogen. Auf Orkney, einer schottischen Inselgruppe, findet man an dessen Ende keinen Topf aus Gold. Nein, viel besser: Der Regenbogen deutet hier auf das Haus, in dem die Geburt eines Sohnes bevorsteht. »Da ist eine Brücke für einen Jungen«, heißt es in einem Sprichwort von der Inselgruppe.

Mit der romantischen Vorstellung vom Ende des Regenbogens hat ein weiterer Hinweis auf die Schwangerschaft mit einem Mädchen nichts zu tun. Denn hat die werdende Mutter mit heftigster Morgenübelkeit zu kämpfen, bekommt sie weiblichen Nachwuchs, heißt es in Mitteleuropa. Dasselbe gilt, wenn der Urin der Schwangeren trüb ist statt klar, wenn die Summe aus dem Alter der Mutter und dem Empfängnismonat ungerade ist und wenn die werdende Mutter von einem Kopftuch träumt. Träumt sie hingegen von einem Taschentuch, wird es ein Junge – ebenso, wenn die Großmutter mütterlicherseits grauhaarig ist, der Bauch des werdenden Vaters ähnlich dick wird wie der der werdenden Mutter und wenn der Herz des Ungeborenen weniger als 140 mal pro Minute schlägt. Und so weiter und so fort: Die Reihe der Möglichkeiten, das Geschlecht festzustellen, lässt sich beliebig fortführen. Mutter Natur dürfte sich davon nicht beeindrucken lassen. Überhaupt gilt: Gewickelt wird, was auf den Tisch kommt!

Gut zu wissen

Nicht ohne eine Tochter: Wunschgeschlecht auf Bestellung

Darf's ein Junge sein? Oder lieber ein Mädchen? Von *Sex Selection,* also Geschlechtsselektion, spricht man, wenn sich Paare aussuchen, welches Geschlecht ihr Kind nach der künstlichen Befruchtung haben soll. Die Auswahl eines

Embryos vor der Einpflanzung macht es möglich. Beschönigender heißt der Terminus auch *Family Balancing*. Wenn Eltern nämlich bereits ein Kind oder mehrere eines Geschlechts haben, wünschen sie sich »zum Ausgleich« eines des anderen Geschlechts. In der Praxis kommt es allerdings vor, dass bereits balanciert wird, wenn der Wunsch nach einem bestimmten Geschlecht auch bei einem Einzelkind schon hoch ist. *Family Balancing* ist ein Millionengeschäft in den USA, 25.000 Dollar aufwärts lassen sich werdende Eltern den Spaß kosten.

Was für manche Völker wie die USA, aber auch Belgien, Israel und das vorwiegend islamische Ägypten medizinischer Fortschritt ist, überschreitet für andere Länder ethische Grenzen. In Deutschland etwa ist es streng verboten, das Wunschgeschlecht zu ordern. Die unterschiedliche Gesetzgebung führt allerdings dazu, dass ein regelrechter Tourismus in Länder mit liberalerer Handhabung stattfindet, um zum Traumbaby zu kommen. Ein Reisebüro im rigideren Dänemark hatte sogar organisierte Reisen ins Wunschbaby-Traumland Zypern angeboten und per Anzeigenkampagne im Jahr 2014 in dänischen Zeitungen dafür geworben.

Violett auf weiß: Der Schwangerschaftstest

Wenn die Zeugung erfolgreich war und frau schwanger ist, kriegt sie das mit, oder? Auch wenn im Spermium kein Mini-Menschlein wohnt, das im Mutterleib nur noch reift und sich beim Einnisten mit einem kurzen Hier-bin-ich-Klopfen ankündigt, wie es die alten Ägypter vermutet haben, muss frau doch irgendwie spüren, wenn ein Spermium die Eizelle bespringt – oder? Leider nein. Zumindest medizinisch betrachtet ist das unmöglich.

Während das Paar nach dem Zeugungsakt bereits entspannt zurück in die Kissen sinkt, beginnt für die Spermien erst ihr Knochenjob. Stunden dauert es, bis die Samenzelle überhaupt beim Ei angekommen ist und es befruchtet hat. Erst Tage später wandert die befruchtete Eizelle bis zur Gebärmutter, wo sie sich in aller Ruhe einnistet. Und wenn die Regel der Frau ausbleibt, zeigt in der Regel (haha) ein moderner Test violett auf weiß die Schwangerschaft an. Ab etwa der sechsten Schwangerschaftswoche ist ein Embryo auch über Ultraschall erkennbar.

Gut zu wissen

Baby-Geschichte(n): Mit Kröten und Knoblauch zum positiven Testergebnis

Der Urin galt auch in früheren Zeiten als Hilfsmittel Nummer eins, um eine Schwangerschaft festzustellen. Im alten Ägypten gossen Frauen ihn über Getreidekörner in der (guten) Hoffnung, dass diese schneller als gewöhnlich zu keimen begannen. Hatte es geklappt, war davon auszugehen, dass die Frauen wohl Kinder erwarteten. Zauberei? Nein, keineswegs, denn der Urin von Schwangeren enthält Hormone, die Getreide austreiben lassen. Die Ägypter wollten durch diesen Test sogar das Geschlecht voraussagen: Wenn es ein Junge wird, sollte Gerste sprießen, wenn es ein Mädchen wird, der Weizen. In den Sechzigerjahren wurde diese Methode nachgeprüft, mit dem Ergebnis, dass bei 70 Prozent der Schwangeren tatsächlich die Körner keimten, allerdings Gerste und Weizen gleichermaßen.

In Frankreich war es eine andere Pflanze, die für Gewissheit sorgen sollte: Bis ins 18. Jahrhundert wurde die so genannte »Knoblauchprobe« gemacht. Bevor die potenziell Schwangere ins Bett ging, steckte sie sich eine Knoblauchzehe in die Scheide. Hatte sie am Morgen danach eine Knoblauchfahne, wohlgemerkt aus dem Mund, war das ein Zeichen dafür, dass sie nicht schwanger war. Wenn sich nämlich ein Embryo eingenistet hätte, hätte der Knoblauch nicht durch den Körper wandern können. Der

Embryo hätte ihn aufgehalten. Bei frischem Atem galt die Frau folglich als befruchtet.

Wer frischen Atem hat, findet auch leichter einen Frosch, der sich küssenderweise in einen Prinzen verwandelt. Bei den meisten Schwangerschaftstests zwischen den 1930er und 1960er Jahren spielten verzauberte Prinzen eine entscheidende Rolle. Damals benutzte frau gern den Krallenfrosch, auch Apothekerfrosch genannt. Der Urin einer möglicherweise Schwangeren wurde den weiblichen Tieren unter die Haut gespritzt. Das Ergebnis folgte 12 bis 24 Stunden später: Erwartete die Frau tatsächlich ein Kind, begannen sie, Eier zu bilden. Ein Schwangerschaftshormon hatte dies ausgelöst.

Vorwiegend in Afrika gab es eine weitere Variante des Froschtests, für die der Frosch im Urin der potenziell werdenden Mutter Platz nahm. Laichte das Tier innerhalb des kommenden Tages, war die Frau tatsächlich schwanger.

Diese Tests klingen skurril, waren aber sehr aussagekräftig und weltweit in großem Rahmen bis zum Beginn der heutigen chemischen Tests verbreitet. Anders als bei den modernen Methoden schlug der lebende Schwangerschaftstest allerdings erst einige Wochen nach Ausbleiben der Regel an.

Für diesen Test importierten Apotheker unzählige Krallenfrösche aus Südafrika nach Europa, Australien, Asien und die USA. Sie wurden nur deshalb nicht gänzlich ausgerottet, weil der Transport teuer und die Haltung aufwändig war. Apotheker mussten sie hierzulande im Aquarium halten.

Umstände weltweit

Die Schwanger-schaft

Es ist so weit: Die werdende Mutter wurde vom Storch gebissen (zumindest behauptet das der Volksmund in Deutschland), und hat jetzt einen Braten in der Röhre. Pardon, das war umgangssprachlich. Doch auch andere Landsmänner und -frauen verwenden kulinarische Begriffe, um die Schwangerschaft zu umschreiben, wenn auch nicht ganz so derbe wie die »Krauts«. In Italien werden die Bambini im Blumenkohl gebrütet. Die Engländerin hat ein Brötchen im Ofen *(to have a bun in the oven).* In Frankreich haben sie weder Brötchen noch Braten – hier ist ein »Kasper in der Schublade« *(avoir un polichinelle dans le tiroir).* Daneben existiert auch der französische Volksglauben, dass die Babys in Kohlköpfen wachsen, die Mädchen auch in Rosen. Der kleine Schatz wird denn auch *bout de chou,* ein »Stück Kohl«, genannt. Welche Bräuche es um die wachsenden Bäuche herum gibt, bis das Brötchen fertig und der Braten gar ist, ist in diesem Kapitel nachzulesen.

Bräuche um die Bäuche: Der Beginn der Schwangerschaft

Eine Schwangerschaft ist das natürlichste der Welt und an sich nichts Besonderes – es sei denn, es geht um die eigene. Just in dem Moment jedenfalls, in dem sie Violett auf Weiß belegt ist, legt sich bei werdenden Müttern ein Schalter im Hirn um. Das Wichtigste im Leben ist plötzlich, praktisch über Nacht, das wachsende Baby im Bauch geworden. Kein Wunder, dass der Körper bei diesem Tempo nicht mithalten kann und erst drei Monate braucht, um sich auf die neue Lage einzustellen. Bis dahin spielen die Hormone verrückt, Morgenübelkeit und Müdigkeit plagen die werdende Mutter zu Beginn der Schwangerschaft meist stärker als während der letzten beiden Trimester.

In den meisten Kulturen der Welt ertragen werdende Mütter die Wehwehchen der Anfangszeit im Stillen. Sie weihen Außenstehende erst ein, wenn die Schwangerschaft als sicher und ein Abgang als unwahrscheinlich gilt, was in der Regel nach den ersten drei Monaten der Fall ist. Auch aus Angst vor dem sogenannten »bösen Blick« (siehe Seite 50) behalten viele werdende Mütter ihr Geheimnis so lange wie möglich für sich.

Auch wenn jemand ahnt, dass eine Frau schwanger ist – bevor sie es nicht offiziell verkündet, darf in Afrika niemand eine Andeutung dazu machen. Würde Mutter oder Kind während der Anfangszeit etwas passieren, würde es der Plaudertasche in die Schuhe geschoben werden.

Auch in Bulgarien ist Diskretion Pflicht. Wenn sich die Mutter selbst frühzeitig verplappert und mehr Leute als nur Mann, Mutter und Schwiegermutter einweiht, leidet das Baby später an einer Sprachstörung – oder an Dummheit. Im ländlichen Bulgarien fällt das Schweigegelübde allerdings vergleichsweise leicht, zumal dort das Wort »schwanger« tabu ist. Die Frauen sprechen eher davon »schwer«, »nicht leer«, »schwierig« oder »in einer Lage« zu sein. In Gegenwart von Männern meiden sie das Thema generell.

Geht eine chinesische Mutter allzu freimütig mit ihrer frühen Schwangerschaft um, indem sie mit vielen Leuten darüber spricht, ist nicht nur der Blick der anderen böse, sondern auch das Baby selbst. Es ärgert sich über das lose Mundwerk der Mutter, was eine Fehlgeburt hervorrufen kann.

Bei den Kayapó in Ecuador hingegen redet offiziell überhaupt niemand über die neuen Umstände, nicht einmal die Schwangere mit dem werdenden Vater – schlicht, weil es nicht nötig ist. Dort weiß jeder selbstverständlich von der Schwangerschaft, sobald die Frau rundlicher wird – dass sie ein Kind bekommt, ist offensichtlich und natürlich. Sobald sich eine werdende Mutter bei den Yami outen will, einem Stamm auf einer Insel vor der Küste Taiwans, trägt sie einen bestimmten Rock mit blau-weißem Muster. In Angola informieren Frauen des Chokwe-Stammes ihre Mütter oder Großmütter über die Neuigkeit – und erst dann den werdenden Vater.

Im zentralafrikanischen Kongo machen Bruder oder Tante des werdenden Vaters die Schwangerschaft nach den ersten Monaten offiziell. Die Tante des Ehemanns ist es auch, die bei rituellen Handlungen erklärt, dass das Kind später zur Familie des Vaters gehören wird, auch um dies der werdenden Mutter vor Augen zu führen.

Ganz anders läuft es bei den Quiché-Indianern in Guatemala ab: Dort weiß gleich das ganze Dorf Bescheid. Sobald Mutter und Vater die Schwangerschaft erahnen, weihen sie die Anführer ihres Stammes ein, zumal das Kind nicht nur zu ihnen, sondern zur gesamten Dorfgemeinschaft gehören wird. Die Anführer sichern ihre Unterstützung zu und suchen gemeinsam mit dem Paar nach geeigneten Paten. Auch danach wird die Schwangere nicht alleingelassen. Bei den Quiché ist es Brauch, dass Nachbarn die werdende Mutter täglich besuchen und ihr Aufgaben abnehmen, so klein diese auch sein mögen. Da ist eins sicher: Sie muss die Wehwehchen der ersten Zeit bestimmt nicht im Stillen ertragen.

Auf den Philippinen wenden Frauen einen anderen Trick an, um das Leid zu teilen: Wenn sie über die werdenden Väter hüpfen, geht die Morgenübelkeit auf diese über. Wie genau das aussehen mag, ist nicht überliefert. Doch Vorsicht vor den Nebenwirkungen: Männer leiden bekanntlich theatralischer als Frauen – das ist oft schwerer zu ertragen als die Wehwehchen selbst!

Bei den Lobi in Burkina Faso ist es zwar nicht möglich, die Beschwerden auf den Mann zu übertragen, doch böse Schadenzauber gegen die Schwangere fangen sogenannte Bateba-Puppen ab. Diese geschnitzten Figuren mit menschlichem Aussehen und übersinnlichen Fähigkeiten werden künftigen Müttern in einem Ritual an den Körper gebunden. Sie funktionieren wie ein Schutzschild gegen Hexerei und andere Bösartigkeiten.

Positiver ist das Willkommensritual bei den westafrikanischen Dagara. Sobald die Mutter über die neuen Umstände Bescheid weiß, lehrt sie alle anderen Frauen im Dorf das Lied, das sie bei der Empfängnis ihres Seelenkindes gelernt hat (siehe Seite 29). Jeder kennt daher das Lied jedes einzelnen anderen Dorfbewohners – und kann es in jeder Lebenssituation für ihn singen, von dessen Geburt bis zum Tod. Doch zunächst treibt die Stammesbewohner die Frage um, was für ein Mensch da im Bauch der werdenden Mutter wächst. Die Stammesältesten und andere Eingeweihte vollziehen daher ein Anhörungsritual mit der Mutter, die Seele des Kindes wird dabei kontaktiert. Während die Mutter in einen tranceähnlichen Zustand versetzt ist, antwortet das Baby mit ihrer Stimme auf die Fragen seines Publikums. Was ist dein Sinn auf Erden? Welche Aufgaben übernimmst du im Leben? Warum kommst du genau jetzt auf die Welt? Was magst du und was magst du nicht? All das finden die Fragesteller heraus. Anhand der Antworten, die sie bekommen, wählen sie einen passenden Namen.

Auch bei den Mbuti im Kongo spielt Gesang eine wichtige Rolle, um das Kind bereits im Mutterleib zu begrüßen: Sobald Schwangere ihr Ungeborenes spüren, ziehen sie sich zurück und erzählen ihm singend von der Welt, in die es kommt. Dieses persönliche Lied kriegt das Kind auch nach der Geburt bei allen wichtigen Veranstaltungen seines Lebens zu hören.

Eine wichtige Veranstaltung dürfte es bei den Efé, einem anderen Stamm im Kongo, kurz nach Beginn der Schwangerschaft geben, und zwar eine Hochzeit. Dabei heiratet die werdende Mutter nicht zwingend den leiblichen Vater. Wenn sich das Paar nach Bekanntwerden der Schwangerschaft nicht die ewige Treue schwören möchte, finden sich in der Regel etliche andere Männer, die die werdende Mutter heiraten würden. Jeder wünscht sich bei diesem Stamm sehnlichst ein Kind, das nicht einmal das eigene sein muss.

Das geht gar nicht: Der Schwangerschaftsknigge

»Was sollen denn die Leute denken?« Was sich gehört oder nicht, wissen am besten Schwiegermütter und Verwandte ähnlichen Kalibers, die es immer nur gut meinen.

Besonders zur Schwangerschaft hagelt es Verhaltensregeln: Eine Schwangere, die in ein Popkonzert geht? Geht gar nicht! Eine, die an einem Gläschen Sekt nippt? Ein vorgeburtlicher Fall fürs Jugendamt! Eine, die nochmals in den Urlaub fliegt? Die braucht gar nicht erst zurückzukommen! Mit wachsendem Babybauch wächst denn auch die Anzahl der »Tu's« und »Tu's nicht«, mit denen werdende Mütter konfrontiert sind. Aber wer hört schon auf seinen Schwiegerdrachen?

Allerdings: Wenn werdende Mütter die Regeln nicht befolgen, die in den Traditionen der verschiedenen Kulturen verwurzelt sind, drohen schlimme Sanktionen, die meist das werdende Leben betreffen. Wer abergläubisch ist, hält sich also besser an die Dos and Don'ts der jeweiligen Gesellschaft – auch wenn sie die Hausordnung in den eigenen vier Wänden betreffen.

Oh là là:
Verhaltens- und Sexknigge

Zunächst einmal: Werdende Eltern in China sind eine Ausgeburt an Höflichkeit, wollen sie ein gut erzogenes Kind zur Welt bringen, denn: »Wie die Eltern, so das Kind«, lautet ein auch in Deutschland bekannter Spruch, der im Reich der Mitte bereits vor der Geburt gilt. Besonders die Verfassung der Mutter wirkt sich chinesischen Vorstellungen zufolge auf Körper und Geist des Kindes aus. Ihr wird sogar empfohlen, ihre Gedanken zu kontrollieren und sich weder zu Wutausbrüchen noch zu Tratschereien oder sonstigen negativen Emotionen hinreißen zu lassen.

In Irlands Elternhäusern muss es hingegen nicht übertrieben höflich zugehen, doch der werdende Vater investiert am besten einige Zeit darin, bereits mit dem Ungeborenen zu sprechen und ihm vorzusingen. So weiß es, dass es willkommen ist und es fröhlich zugeht im künftigen Heim.

Noch mehr Grund, fröhlich zu sein, haben die werdenden Eltern beim Stamm der Hua auf Neu Guinea. Während weltweit viele werdende Mütter und Väter ihr Sexualleben auf Eis legen, aus Sorge, es könne dem ungeborenen Kind schaden, gehört bei diesem Stämmchen der Geschlechtsverkehr zum Schwangerschafts-Pflichtprogramm. Regelmäßiger Sex fördere die Gesundheit des Ungeborenen – und die gute Laune des Paares sicherlich auch. Ebenso in zentralen Teilen Thailands. Sperma soll hier das Baby stark machen, während in nördlichen Teilen des Landes befürchtet wird, Sex könne eine Fehlgeburt auslösen.

Bei den Asurini-Indianern in Brasilien spielt viel Sex ebenfalls eine große Rolle – allerdings sind dabei gleich mehrere Männer im Spiel. Um sich überhaupt fortpflanzen zu dürfen, muss die Indianerfrau zwei Ehemänner haben, einen älteren und einen jüngeren. Während der ersten drei Schwangerschaftsmonate treibt es die werdende Mutter noch toller: Dann beteiligen sich noch ein paar Männer mehr an der Ausgestaltung des Fötus. Sie schlafen häufig mit der Schwangeren, im Glauben, das Kind auf diese Weise stark zu machen.

Gut zu wissen

Trau, schau, wem: Abwehr gegen den »bösen Blick«

Von der Türkei bis ins südliche Asien, von Afrika bis Südamerika und in vielen weiteren Kulturen sind Menschen überzeugt davon, dass Schwangere, aber auch Bräute und Neugeborene dem sogenannten »bösen Blick« ausgesetzt sind. Menschen, die andere voller Neid und Missgunst betrachten, bringen den beobachteten Zeitgenossen Unheil, so der Glaube. Vor allem Menschen in exponierten Lebenssituationen sind Zielscheibe des »bösen Blicks«.

Um Mutter und Kind vor »Blicken, die töten können«, zu schützen, outen sich gläubige Jüdinnen oft erst als schwanger, wenn der Bauch nicht mehr zu verbergen ist. Um auch dann nicht unnötig in Augenschein genommen zu werden, nehmen sie häufig nicht an Babypartys (siehe

Seite 66 ff.) teil. In islamisch geprägten Ländern gibt es hingegen schützende Suren, die Schwangere aufsagen, um sich vor dem »bösen Blick« zu schützen. Auf Kuba verhindern Schwangere, dass Fremde ihren Bauch anfassen.

Ein bestimmter Glücksbringer, das sogenannte Nazar-Amulette in Form eines blauen Auges, ist im islamischen Orient und in Nordafrika weit verbreitet, um den »bösen Blick« abzuwenden. In Indien sind es kleine Spiegel an der Kleidung, die ihn zurückwerfen sollen. Wer seine Kleidung linksherum trägt, soll ebenfalls geschützt sein – auch wenn nur das Unterhemd verkehrt herum ist.

Auf die Couch: Hausarbeitstabus

Eine Frohbotschaft kommt aus China: Hier können werdende Eltern die Füße hochlegen, denn sie dürfen während der gesamten Schwangerschaft nicht heimwerken. Hämmer, Hobel, Zangen und Bohrmaschinen sind tabu, wenn das Kind mit gesunden Augen und ohne Hasenscharte auf die Welt kommen soll. Der Hintergrund: Im Reich der Mitte sollen die Geister von Ungeborenen bereits in der elterlichen Wohnung spuken, während ihre Körper noch in den Bäuchen der Mütter stecken. Es besteht die Gefahr, dass Eltern die unsichtbaren Geister mit Werkzeug verletzen. Lässt sich die Renovierung nicht bis nach der Geburt verschieben, müssen Eltern ihren ungeborenen Kindern laut und deutlich sagen, dass sie von der Baustelle wegbleiben sollen. Nicht einmal das Ehebett darf übrigens verschoben werden, denn dies würde den Fötus stören und im schlimmsten Fall eine Fehlgeburt herbeiführen.

Auch kleinere Hausarbeiten sind Chinas Schwangeren verboten, sofern sie dabei mit Schere, Nadel und Faden hantieren müssten, vor allem in Nähe des Ehebetts. Wenn die Mütter nämlich schneiden, durchtrennen sie damit die Nabelschnur, so die Vorstellung. Allerdings: Ein Messer gehört unter das Bett eines werdenden Elternpaares. Dies hält böse Geister fern. Aber Vorsicht: Beim Deponieren des Messers darf bloß nicht das Bett verrutschen, sonst: siehe oben.

Dass sie bei der Arbeit theoretisch kürzertreten dürfen, nützt kambodschanischen Schwangeren in der Praxis reichlich wenig. Sie müssen frühmorgens vor ihrem Ehemann aufstehen, wollen sie verhindern, ein faules Kind zu bekommen. Ein solches wäre nicht aktiv genug, bei einer Geburt mitzuarbeiten und sich durch den Geburtskanal zu graben. Ähnliches gilt, wenn die Schwangere nachts in die Badewanne steigt. Dies soll das Wachstum kambodschanischer Föten ankurbeln, was die Geburt ebenfalls empfindlich erschweren würde.

In Irland erstreckt sich das Hausarbeitsverbot übrigens nur aufs Fensterputzen. Wenn sich die Arme der Schwangeren über ihrem Kopf befinden, schlingt sich die Nabelschnur dabei um Babys Hals, so die Befürchtung.

Was in vielen Häusern werdender Eltern hingegen gewünscht ist, ist Dekoration. Die Schwangere in China, aber auch in Indien oder auf den Philippinen umgibt sich idealerweise dauernd und ständig mit Bildern schöner Babys. Dies sei ein Garant dafür, dass sie ebenfalls hübschen Nachwuchs bekommt. Sieht sie hingegen viele hässliche Menschen, droht ein hässliches Kind. In Thailand gibt es eine Variante dieser Regel: Wenn eine Schwangere andere Kinder als hässlich bezeichnet, wird sie selbst ein hässliches Kind gebären. Wie gut, dass die meisten Eltern ihre eigenen Kinder in jedem Fall als schön empfinden ...

Die Bilder schöner Babys sollten sich chinesische Eltern übrigens nur offline ansehen, denn Schwangere verbannen im Idealfall Computer und Handys, aber auch Mikrowellen und andere technische Geräte aus ihrem Umfeld. Sie haben Sorge, dass die Strahlungen zu Fehlgeburten oder Missbildungen der Babys führen. Weil sich Elektrosmog dennoch nicht verhindern lässt, tragen werdende Mütter häufig Strahlenschutzwesten und kaufen Handys mit »unschädlicher Strahlung« – auch auf den Rat chinesischer Ärzte und Schwangerschafts-Ratgeber hin. Viele Schwangere lassen ihr Handy bis nach der Geburt ausgeschaltet.

Langweilig: Freizeitverbote

Auch in der Freizeit gelten für Schwangere klare Regeln. Bolivianische Mütter überlassen es beispielsweise lieber anderen, vor der Geburt bereits Mützchen und Söckchen für den Nachwuchs anzufertigen. Würden sie nämlich selbst stricken, bestünde auch hier die Gefahr, dass sich die Nabelschnur um den Hals des Ungeborenen windet. Auf den Philippinen reicht es für das gleiche Schreckensszenario schon, wenn die werdende Mutter eine Halskette trägt.

Überhaupt verschieben werdende Eltern die Besorgungen für das Kind besser auf die Zeit nach der Geburt: In diversen Kulturen, von Deutschland bis zu den Philippinen, bringt es angeblich Unglück, wenn der Kinderwagen schon vor dem Baby im Haus ist. Wer auf Nummer sicher gehen will und weder auf den Kinderwagen verzichten noch das Schicksal herausfordern will, bittet am besten Angehörige oder Freunde, ihn vorab zu besorgen, aber bitte, bitte, bitte erst nach der Geburt vorbeizubringen.

In China bestimmt die Angst vor einem kranken Kind sogar die Auswahl des Fernsehprogramms. Schaut das werdende Elternpaar Gruselfilme, erschrickt das Ungeborene. Es könne in der Folge sogar mit einer seelischen Beeinträchtigung zur Welt kommen. Eine absurde Vorstellung für Deutsche, die eher Sorge vor dem postnatalen Fernsehkonsum haben. Man erinnere sich an eine Schlagzeile der BILD-Zeitung: »Macht Dschungel-TV dumm?«

In vielen Kulturen braucht es hingegen keinen Fernseher, um dem Kind zu schaden – da genügt ein Blick in den Himmel. Wenn philippinische Frauen eine Mondfinsternis beobachten, befürchten sie, das ungeborene Kind zu verlieren. Wenn ein derartiges Naturspektakel ansteht, beschmieren Mütter ihren Babybauch mit Kalziumkarbonat. Das Baby könne dann die hässliche Fratze Rahus nicht sehen. Rahu ist ein Dämon, der nur aus einem Kopf besteht und von Zeit zu Zeit Sonne und Mond verschlingt – und daher für Sonnen- und Mondfinsternisse verantwortlich ist. Vergisst die Schwangere das Kalziumkarbonat, sei das Kind beim Anblick Rahus derart erschrocken, dass es seine gesamten Erinnerungen verliert und die Intelligenz einbüßt, so die Sage. In Thailand befürchtet man, Rahu könne in das Ungeborene eindringen. Bei einer Mondfinsternis stecken sich Schwangere eine Nähnadel an die Bluse, damit er sich sticht und verschwindet. Viele Thailänder machen obendrein ohrenbetäubenden Lärm, um den Mondfressergeist in die Flucht zu schlagen. In Indien hingegen glaubt man, das Baby komme mit einer Hasenscharte oder einer anderen Fehlbildung auf die Welt, wenn die Mutter Sonnen- und Mondfinsternis bestaunt. In Island ist es der Blick aufs Nordlicht oder auf funkelnde Sterne, der Unheil bringt: Das Kind würde schielen, wenn die werdende Mutter den Spektakeln beiwohnt.

Auch spirituelle Großereignisse gelten vielerorts nicht als adäquate Beschäftigung für Schwangere – wobei es im Falle von Hochzeitsbesuchen nicht um eine Schutzmaßnahme für das Baby geht. Chinesische Schwangere bleiben besser aus Rücksicht gegenüber der Braut zu Hause. Die Götter haben bei Veranstaltungen nämlich vor allem die schutzbedürftigste Person im Blick, und bei einer Hochzeitsfeier würde eine Schwangere der Braut die Aufmerksamkeit stehlen. Sollte eine werdende Mutter sogar am Bett eines frischvermählten Paares sitzen, bekommt das Paar so viele Jahre lang kein Kind, wie die Schwangerschaft in Monaten alt ist. Sprich: Wenn die Frau im sechsten Monat schwanger ist, bleibt der Kinderwunsch des Paares sechs Jahre lang unerfüllt.

Auch auf einer Beerdigung haben Schwangere nichts verloren – selbst wenn nahe Verwandte versterben. In Griechenland würde das Kind in der Folge mit gelblicher oder blasser Gesichtsfarbe zur Welt kommen. Es gibt jedoch ein Gegenmittel: Die Schwangere muss nach der Zeremonie einen Gegenstand aus Eisen berühren, alternativ etwas Grünes.

In Thailand, China und vielen weiteren Kulturen glaubt man ebenfalls an den schlechten Einfluss einer Trauerfeier auf das Kind. In Thailand tragen Schwangere zur Abwehr der negativen Kräfte eine Brosche am Bauch, in China einen roten Schal um den Hals. Überhaupt sind religiös motivierte Glücksbringer für Schwangere hoch im Kurs. Im katholischen Irland tragen sie häufig eine Medaille mit dem Abbild ihrer jeweiligen Namenspatronin, um den Teufel zu vertreiben.

Dass eine Schwangerschaft ansteckend ist wie eine Krankheit, glauben Russinnen. Sie berühren den Bauch einer schwangeren Frau daher nur, wenn sie sich selbst ein Baby wünschen.

Ammenmärchen

Philippinen: Vampire jagen Schwangere

Philippinische Schwangere sind eine begehrte Beute für Aswangs, vampirähnliche, leichenfressende Wesen aus der philippinischen Mythologie. Mit ihrer langen, dünnen und hohlen Zunge saugen sie ungeborene Babys aus dem Leib der schlafenden Mutter. Um solche Attacken zu verhindern, beschmieren sich Schwangere den Bauch mit einer Paste aus heimischen Kräutern. Eine effektive Waffe gegen Aswangs ist auch eine Stachelpeitsche, das Buntot Pagi, die der Ehemann vor allem im Schlafzimmer immer griffbereit haben sollte. Knoblauch in der Nähe des Fensters darf im Haus werdender Eltern ebenfalls nicht fehlen. Häufig schreiben Philippinen eine Fehlgeburt einer Aswang-Attacke zu.

Ein ähnlich beliebter Zeitgenosse wie der Aswang ist ebenfalls auf den Philippinen der Tik-tik, der seine nächtlichen Beutezüge in Gestalt eines Vogels oder einer Fledermaus macht. Entdeckt er eine schlafende Schwangere, streckt er seinen hohlen Rüssel in die Gebärmutter, leckt den Fötus und tötet ihn dabei. Der Laut, den das Monster dabei ausstößt, klingt wie »tik-tik«.

Wie in manchen Ländern die Geschichten über UFOs nicht aus den Boulevardzeitungen zu bekommen sind, tauchen in philippinischen Sensationsblättern immer wieder Schilderungen über die Sichtung von Aswangs und Tik-tiks auf – gerade wenn Kindesentführungen passiert sind. Viele Menschen auf den Philippinen sind noch von der Existenz der Fresser überzeugt.

Kein Futterpass: Der Speiseplan für Schwangere

Eine der größten Enttäuschungen für manche werdende Mutter ist der Speiseplan für Schwangere. Der Mutterpass ist nämlich keineswegs ein Futterpass. Die Behauptung, dass Schwangere für zwei essen dürfen, gehört in das Reich der Ammenmärchen. Um ein gesundes Kind zur Welt zu bringen, brauchen werdende Mütter nur rund 250 Kalorien mehr als vor der Schwangerschaft, und auch das erst ab dem vierten Monat. 250 Kalorien mehr, das entspricht maximal der Energie eines Käsebrötchens – auf dem nicht einmal Rohmilchkäse sein darf, denn dieser und viele weitere Lebensmittel sind für Schwangere tabu. Sie lösen möglicherweise Infektionen aus, die dem Ungeborenen schaden. Doch nicht nur aus medizinischen Gründen fehlen viele Gerichte auf dem Speiseplan Schwangerer – vieles fällt auch dem Aberglauben zum Opfer.

Eine gute Nachricht für alle werdenden Mütter Balis lautet: Die Väter in spe sind dafür zuständig, ihnen während der ersten Schwangerschaftswochen alle Gelüste zu erfüllen. Die Forderungen sind nämlich keineswegs Ausdruck einer plumpen Gier der Frauen, sie gelten als Wünsche der ungeborenen Kinder. Die Mütter dienen lediglich als Sprachrohr. Weigern sich die Väter, den Bedürfnissen nachzukommen, drohen schlimme Folgen: Die Kinder kommen mit Fehlbildungen auf die Welt, oder sie entwickeln schlechte Charaktereigenschaften. Unter diesen Umständen ist es wirklich verpflichtend, die schwangere Ehefrau einige Wochen lang auf Händen zu tragen. Und selbst, wenn werdende Väter nicht an diese drastischen Spätfolgen glauben, wäre es natürlich nett, der schwangeren Gattin die Wünsche von den Lippen abzulesen. Einer glücklichen Schwangerschaft würde dies in jedem Fall dienen.

Auch die Stammesbevölkerung der westafrikanischen Dagara gehen davon aus, dass das ungeborene Baby für ungewöhnliche Gelüste der Mutter verantwortlich ist. Egal ob es sich dabei um spektakuläre Süß-Sauer-Kombinationen oder um pure Fleischeslust handelt: Bei den Dagara wird nach den Heißhungerattacken darüber diskutiert, ob sich daraus auf den Charakter und die spätere Bestimmung des Babys schließen lässt. Dasselbe gilt übrigens, wenn die Schwangere ungewöhnliche Begegnungen oder Träume hat: Dies alles sei kein Zufall, so die Dagara, sondern ein Hinweis auf die spätere Entwicklung des künftigen Zeitgenossen.

In Bulgarien muss die Schwangere zwar nicht mit ihrem Umfeld darüber diskutieren, was auf ihrem Speiseplan steht – aber sie soll auch nicht heimlich essen. Die Schlemmerei käme nämlich in jedem Fall ans Tageslicht: Die heimlich verdrückte Speise würde wieder sichtbar werden, denn das Baby trüge ein Muttermal oder eine Narbe in Form der kleinen Sünde. Dasselbe passiert, wenn die werdende Mutter stiehlt: Das Baby bekommt an der Körperstelle, welche die diebische Mutter am eigenen Körper nach der Tat als erstes berührt, eine Narbe oder ein Muttermal. Ausgebuffte Betrügerinnen haben allerdings einen Trick und fassen gleich nach der Tat etwa an die Fußsohle – an eine Stelle also, die nicht so leicht von anderen gesehen wird.

Ebenfalls aus Bulgarien stammt die Empfehlung, vor einer Schwangeren kein Essen zu verstecken. Sonst wird das Baby zum schlechten Esser und zum kränkelnden Kind. Auch in Mexiko soll die Schwangere ungehemmt ihre Gelüste befriedigen. Verzichtet sie auf die ersehnte Speise, hat das Baby später ein Geburtsmal in Form des Lebensmittels, auf das die Mutter am meisten Appetit hatte. Und wer will schon einen Fleck in Form eines Brathähnchens haben? Manche Mexikaner schränken diese Regel jedoch ein und sind überzeugt, sie gelte nur, wenn die unerfüllte Sehnsucht Erdbeeren betrifft. In Jamaika bekommen Babys dagegen orangenförmige Male, wenn die Mutter ihre Lust auf Orangen unterdrückt hat.

Überhaupt sollen Schwangere ihre Teller leer essen. Entstehen Reste, gibt es schlechtes Wetter – so die Vorhersage in Deutschland, die jedoch nicht nur für Schwangere gilt, sondern für alle Menschen. Auf den Philippinen hat eine schlecht essende Schwangere indes mit weitreichenderen Folgen zu kämpfen als mit Dauerregen. Ihr droht, dass nach der Geburt ebenfalls Reste bleiben, allerdings körperlicher Natur: Wenn sie nicht riskieren will, dass sich die Plazenta in der Gebärmutter festsetzt, muss sie immer brav aufessen!

Für die anderen Esser am Tisch der Schwangeren ist es übrigens ebenso vorteilhaft, wenn nichts übrig bleibt auf dem Teller der werdenden Mutter: Wenn nämlich jemand anderes ihre Reste verputzt, drohen ihm dem philippinischen Volksglauben zufolge Müdigkeit, Benommenheit, Übelkeit – also all die Symptome, mit denen werdende Mütter vor allem im ersten Schwangerschaftsdrittel kämpfen.

Wenn eine Schwangere gegen die Übelkeit eine kalte Cola trinkt, dürfte sie in China schlechte Karten haben. Chinesen vergleichen den Bauch der Schwangeren nämlich mit einem Brutkasten. Ebenso wie Hennen wärmend auf ihren Eiern sitzen, bis die Küken schlüpfen, sollte auch die Schwangere wärmend brüten – und daher vor allem während des ersten Trimesters, am besten sogar die gesamte Schwangerschaft hindurch warmes Essen zu sich nehmen und kalte Drinks meiden. Anders in Afghanistan: Hier verzichten Schwangere auf heiße Getränke. Viele Frauen und ihre Geburtshelfer sind der Ansicht, das Baby befinde sich nicht in der Gebärmutter, sondern im Magen und würde sich an heißen Speisen verbrennen.

Schwangere Philippinerinnen müssen hingegen fürchten, überhaupt genügend Essen zu bekommen. Blumen sollen nämlich welken und Früchte sauer werden, wenn die werdenden Mütter Pflanzen und Bäume berühren.

Doch nicht nur vegetarische Nahrungsmittel, auch Fleisch macht mancher werdenden Mutter Probleme. Obwohl in der Schwangerschaft medizinisch gesehen nichts gegen ein leckeres Schnitzel einzuwenden ist, warnen nigerianische Traditionalisten davor. Das Kind nimmt nämlich den Charakter des Tieres an, das sich die Mutter hat schmecken lassen. Bei den Bulgaren betrifft diese Regel nur den Konsum von Hasen: Nächtliche Angst-Attacken quälen das Baby später, es schläft mit offenen Augen – und auch ansonsten soll es ein regelrechter Hasenfuß sein. Dagegen ist die Nachwirkung bei den Chinesen vergleichsweise harmlos, wenn Kaninchen oder Hühnchen auf dem Herd einer Schwangeren landen: Das Kind wird später mit heiserer Stimme sprechen. Landet dagegen ein Hund auf dem Herd einer chinesischen Mutter, schreien nicht nur sämtliche Tierliebhaber der westlichen Hemisphäre auf, sondern auch alle, die später mit dem Baby zu tun haben werden. Es wird nämlich eine Veranlagung zum Beißen haben. In Afghanistan isst Kamelfleisch, wer eine längere Schwangerschaft genießen will. Es soll die Schwangerschaft, die nach dem dortigen Volksglauben exakt neun Monate, neun Tage, neun Stunden, neun Minuten und neun Sekunden dauert, auf ein ganzes Jahr verlängern.

Die Bewohner der Bhutia, ein Volk aus dem indischen Bundesstaat Sikkim, streichen Fleisch ebenfalls besser vom Speiseplan. Verletzt der werdende Vater nämlich bei der Jagd das Bein eines Tieres, braucht er sich nicht zu wundern, wenn sein Kind verkrüppelt zur Welt kommt. Stirbt das Tier mit hohem Blutverlust, trägt das Kind ein Blutmal im Gesicht oder am Körper. Und falls er einen Fisch mithilfe eines Hakens fängt, quält sich das Kind später mit einer Hasenscharte.

Auch der Geburtsverlauf hängt davon ab, was zuvor auf dem Tisch gelandet ist. Wer Angst vor einem Kind mit großem Kopf hat, trinkt besser keine Kokosnussmilch. Genießen Schwangere nach dem siebten Monat ein Glas davon, nimmt der Babyschädel die Ausmaße der Palmenfrucht an. Es gibt allerdings ein Gegenmittel, ebenfalls nach indischer Rezeptur: Wenn die werdende Mutter viel Butter und Ghee, eine Art Butterschmalz, zu sich nimmt, flutscht die Geburt.

Doch Vorsicht: Beim Konsum von Meeresfrüchten flutscht es mehr als der Mutter lieb ist. Wenn Muscheln und Konsorten glitschig sind, verursachen sie Frühgeburten, so der philippinische Volksglaube. Tintenfische mit ihren vielen Armen erschweren dagegen die Entbindung, zumindest auf Bali.

Doch nicht nur medizinische Folgen drohen bei falscher Ernährung – sie hat auch Schönheitsfehler zur Folge. Kocht die Mutter Haferbrei, bekommt das Kind eine fahle Gesichtsfarbe – so lautet jedenfalls ein kambodschanisches Rezept. Auf den Philippinen verfärben sich manche von Babys Hautstellen violett, wenn die Mutter Auberginen isst. Da helfen nur noch hautaufhellende Nahrungsmittel: Wer auf Jamaika ein Kind mit hellem Teint haben möchte, trinkt Milch. Ebenso in China: Lebensmittel mit heller Farbe machen dem in Kürze geborenen Kind helle Haut, so die Überzeugung im Reich der Mitte, und wer einen dunklen Teint beim Nachwuchs bevorzugt, greift am besten zu Sojasauce, Kaffee oder Tee. Wer in China hingegen Krebse genießen will, braucht sich nicht zu wundern, wenn das Baby später elf Finger hat.

Auch für den Körpergeruch des Babys ist die Mutter bereits pränatal verantwortlich: Wenn sie viele Eier isst, stinkt das Kleine, so die Mexikaner.

Mit Eierspeisen gehen auch philippinische Frauen vorsichtig um. Balut nämlich, ein angebrütet gekochtes Ei und philippinische Spezialität, beschert dem Nachwuchs eine dichte Körperbehaarung. Ähneln Kinder kleinen Äffchen, hänseln andere sie folglich mit den Worten: »Deine Mutter hat Balut gegessen!« Gut also für Babys in den westlichen Ländern, dass sich hier niemand freiwillig an angebrüteten

Eiern vergreifen würde – Balut klingt, als würden es Leute in hiesigen Breiten nur essen, wenn sie gerade eine Dschungelprüfung absolvieren. Allerdings: Haarig werden auch die Babys westlich geprägter Gesellschaften. In den USA brauchen die werdenden Mütter dafür lediglich scharfes Essen zu genießen. In Afrika hingegen wirkt sich Scharfes in anderer Weise auf die Frisur aus: Es sorgt für Nachwuchs mit rotem oder dunkelbraunem Haar.

Darf es vielleicht eine Nachspeise sein? Bestimmt, denn Schwangere lieben Süßes. Oder Obst. Von Zwillingsbananen lassen sie aber besser die Finger, wenn sie kein doppeltes Lottchen gebären wollen – zumindest auf den Philippinen sollen sie ein Garant für Zwillinge sein. In Thailand gilt die Regel beim Konsum beliebiger Früchte, die zusammengewachsen sind. In Großbritannien schreibt man hingegen der Süßkartoffel die Fähigkeit zu, gleich für zweifaches Kinderglück zu sorgen. Ob Vierlinge entstehen, wenn ein Zwillingsbananen-Süßkartoffel-Menü aufgetischt wird? Vermutlich gibt es nicht viele Freiwillige, die sich als Testpersonen melden würden.

Ammenmärchen

Essen in der Schwangerschaft: Keine Saure-Gurken-Zeit

Gelüste sind die heimtückischsten Nebenwirkungen der Schwangerschaft, und meistens machen sie sich erst nach der Geburt so richtig bemerkbar, wenn sich die Mutter jedes Kilo wieder weghungern muss. Denn was wirklich schade ist: Bei den Gelüsten geht es in der Regel nicht um Heißhunger nach niedrig kalorischen sauren Gurken – der ist nämlich ein Mythos, wie eine niederländische Forscherin herausgefunden hat. In der Schwangerschaft essen Frauen genauso viele Gurken wie zuvor – oder sogar weniger. Spanische Frauen verzichten übrigens generell auf Gurken. Sie verursachen dem Fötus Blähungen, befürchten *las madres.* Nein, der Heißhunger beschränkt sich allzu häufig auf Schokolade und andere süße Verführer. Gemein ist das.

Feste feiern: Ein Hoch auf die Hochschwangere

In der Regel ist im siebten Schwangerschaftsmonat Zeit für ein Fest – so will es die Tradition in den unterschiedlichsten Kulturen.

Gründe zu feiern gibt es genug: Das Ungeborene gilt als lebensfähig, würde es bereits jetzt auf die Welt kommen; die werdende Mutter ist noch beweglich genug, um zu feiern; sie muss außerdem ausnutzen, dass dies das letzte Fest für lange Zeit ist, bei dem nicht Rolf Zuckowski oder einer seiner internationalen Kinderliedermacher-Kollegen in Dauerschleife spielen. Zudem versprüht ein fulminantes Fest mit Freunden und/oder Familie viel positive Energie für den Schwangerschafts-Endspurt.

Die Feste, die Frauen in aller Welt oft unter Ausschluss ihrer Männer feiern, sind freilich unterschiedlich wie die Gesellschaften, aus denen sie stammen. Sie reichen von albernen Partys mit albernen Spielchen hin zu tief spirituellen Willkommenszeremonien für das Baby.

Babyshower: Im Geschenkeregen

Rosafarbene Girlanden, rosafarbene Luftballons, rosafarben gekleidete Freundinnen, die die Mom to be bei einer Überraschungsparty feiern: So, oder genau so, aber in hellblau, sehen typische Babyshower-Partys aus, die ihren Ursprung in den USA und in Kanada haben. Ursprünglich dienten die Feste dazu, die werdende Mutter auf ihre künftigen Aufgaben vorzubereiten. Im Grunde geht es immer noch darum, allerdings auf sehr alberne Weise. Bei den sogenannten Babyshower-Games wird die Schwangere in Disziplinen wie Aus-der-Nuckelflasche-trinken und Babybreiessen auf ihre Mutterqualitäten hin überprüft. Auch wird sie mit Geschenken »geduscht«, daher der Name Babyshower. Es gibt für sie nämlich alles, was das werdende Leben begehrt: Schnuller, Windeln (meist in Form von Windeltorten), Kuscheltiere, Kleidung. Und natürlich alles, was die Mom to be braucht: Gutscheine für Babysitterstunden, Kosmetik, Massagen und so weiter.

Nachgefragt bei Doris Pfaffinger aus Boston, Mutter zweier Kleinkinder

Doris, wie war deine Babyshower?

» Neben den klassischen Babyshowers mit Partyspielchen bilden sich neue, andere Formen der Partys für die werdende Mutter heraus. In meinem Umfeld treffen sich die werdende Mutter und ihre Freundinnen am liebsten in einem Café. Die Babyshower vor der Geburt meiner Tochter Lotte fand in einem tollen französischen Bistro im Bostoner South End statt. Zu zehnt brunchten wir dort in einer eigens für mich dekorierten Ecke, überall waren Blumen und Luftballons. Meine Freundin Gretchen hatte sich eine nette Beschäftigung ausgedacht: Wir schrieben alle auf kunstvolle Postkarten mit Boston-Motiven, was uns an der Stadt am besten gefällt oder was wir Besonderes mit der Stadt verbinden – es dürfte auch später für Lotte interessant sein, das zu lesen. Immerhin ist es ihre Geburtsstadt! Diese Karten hat Gretchen zusammen mit Fotos meiner Shower in ein Album geklebt, das sie mir später schenkte.«

Ticker-Info

Fötus-Partys: Livestream aus der Fruchtblase

Ein neuer Trend sorgt für eine andere Art von Babybauch-Feierlichkeiten: Bei sogenannten Fötus-Partys können Mütter und ihre Freundinnen in eigens dafür eingerichteten Ultraschallstudios das Ungeborene in 3-D bestaunen, live und in Farbe. In England und den USA gibt es bereits unzählige Unternehmer, die ihre Dienste auch in heimischen Wohnzimmern oder sogar im Einkaufszentrum anbieten. Häufig werden beim Baby-TV Getränke und

Häppchen serviert. Ärzte und Hebammen sehen es als sehr kritisch an, wenn das Ultraschallschauen der puren Unterhaltung dient und ohne medizinisches Fachpersonal durchgeführt wird.

Gut zu wissen

Die Top 10 der beliebtesten Babyshower-Games:

1. Tabuwort »Baby«. Alles dreht sich ums Baby – aber keiner darf das Wort »Baby« aussprechen. Wer einen der anderen Gäste dennoch dabei erwischt, kriegt eine Wäscheklammer. Wer am Ende der Party die meisten Wäscheklammern besitzt, bekommt ein Geschenk.
2. Was gehört in die Wickeltasche? Die Gäste ertasten nacheinander die Utensilien in einer Windeltasche, ohne hineinzusehen – etwa Beißringe, Feuchttücher, Milchpulverbehälter, Rasseln etc. Wer die meisten der Gegenstände errät, gewinnt.
3. Eltern-Outing. Wenn der werdende Vater auch Partygast sein darf, ist es lustig, ihm und der werdenden Mutter getrennt voneinander dieselben Fragen zu stellen: »Wünschst du dir einen Jungen oder ein Mädchen?«, »Wo war der Papa, als er von der Schwangerschaft erfahren hat?«, »Welchen Beruf wünschst du dir für euer Kind?«, »Darf euer Mädchen Hello-Kitty-Klamotten tragen?«, »Darf euer Junge später ins Ballett?«

4. Baby Stadt-Land-Fluss. Jeder Partygast schreibt verschiedene Themen auf ein Blatt Papier, wie zum Beispiel »Mädchenname«, »Jungenname«, »Breisorte«, »Spielzeug«. Eine der Freundinnen beginnt, im Kopf das Alphabet aufzusagen, die werdende Mutter sagt irgendwann »Halt«. Der gestoppte Buchstabe ist der Anfangsbuchstabe für alle Begriffe, die den jeweiligen Themen zugeordnet werden. So entstehen etwa für »P« folgende Begriffe: »Paula«, »Paul«, »Pastinakenbrei«, »Playmobil«. Wer am häufigsten und schnellsten alle Begriffe einordnet, gewinnt.
5. Prosttrinken mit Babyflasche. Wer trinkt zuerst mit dem Säuglingssauger ein Babyfläschchen voll mit alkoholfreiem Sekt aus?
6. Was is(s)t das? Die Gäste löffeln Babybrei aus Gläschen, auf denen keine Etiketten mehr kleben. Wer schmeckt, welches Fleisch Onkel Hipp in Kombination mit welchem Gemüse püriert hat?
7. Who was who? Im Vorfeld der Party liefern die Gäste ihre eigenen Babyfotos ab. Die anderen Gäste müssen raten, welcher Erwachsene von heute auf den Bildern von damals zu sehen ist.
8. Bauchbemalung. Alle Gäste bemalen den kugelrunden Schwangerschaftsbauch mit vielen bunten Einzelbildern oder mit einem großen Gesamtkunstwerk. Am besten eignet sich hierfür Fingermalfarbe. Natürlich müssen vom Kunstwerk viele Erinnerungsbilder gemacht werden.

9. Der Mama-Parcours. Wer hat perfekte mütterliche Kenntnisse? Frau muss sich an verschiedenen Stationen beweisen. Wer kann ein Tragetuch knoten, sodass es die Babypuppe hält? Wer schafft es, Babywäsche einhändig aufzuhängen und mit der anderen Hand warmes Wasser in ein Babyfläschchen zu füllen? Wer kann die Babypuppe pucken, damit sie fest eingewickelt in den Schlaf findet? Wer zieht die Puppe am schnellsten an, von der Windel über den Wickelbody hin zum Babymützchen?
10. Wie dick ist der Bauch der werdenden Mama? Die Gäste müssen so viel Klopapier von einer Rolle reißen, dass es dem geschätzten Umfang der Mutter entspricht. Wer mit seiner Schätzung am nächsten dran ist, gewinnt.

Alles auf sieben: Babydusche auf Javanisch

Auf Java dreht sich beim opulenten Mitoni-Fest anlässlich des siebten Schwangerschaftsmonats einer Erstgebärenden buchstäblich alles um die Zahl sieben. Im Hause der zukünftigen Großeltern mütter- oder väterlicherseits versammeln sich Familienmitglieder und Nachbarn, um in verschiedenen Zeremonien um Gottes Segen, seine Hilfe bei der Geburt und das Wohl der neuen Familie zu bitten. Die werdende Mutter muss sich dabei sieben Mal umziehen. Das Muster jedes der sieben Stoffe, die sie trägt, ist mit anderen Wünschen für das werdende Leben verbunden, zum Beispiel mit »Glück«. Auch ein Baderitual findet statt. Sieben Alte, darunter oft die werdenden Großeltern, begießen die Schwangere mit Wasser und Blüten. Der Begriff »Babyshower« wird auf Java also wörtlich genommen! Das Wasser stammt übrigens aus sieben verschiedenen Quellen, die Blüten – natürlich – von sieben verschiedenen Pflanzen. Die Schwangere soll bei diesem Ritual körperlich und seelisch gereinigt werden.

Auch zu Tisch dreht sich alles um die Sieben. Er ist mit sieben Reispyramiden geschmückt, daneben gibt es noch einen Berg aus Reis, der die Stärke des Babys symbolisiert. Auch andere Speisen sind im Angebot, beispielsweise sieben Breie und sieben verschiedene Obstsorten, die für ein »süßes Leben« stehen.

Der Begriff »Mitoni« stammt übrigens vom Wort *pitu* ab, das in der javanischen Sprache was bedeutet? Genau, »sieben«!

Einmal noch Prinzessin sein: Babyshower à la Bollywood

Bei der nordindischen Babyparty Godh Bharai, die üblicherweise ebenfalls im siebten Monat steigt, ist die werdende Mutter prächtig wie eine Prinzessin gekleidet. Sie sitzt auf einem Thron oder einem ähnlich prunkvollen Stuhl. Ihre Freundinnen und weibliche Familienmitglieder sind traditionell angezogen, sie singen für die werdende Mutter, segnen sie und legen ihr Geschenke in den Schoß. Godh Bharai bedeutet: »den Schoß füllen«. Zudem kommt das Lieblingsessen der Schwangeren auf den Tisch, und jede der Besucherinnen flüstert ihr schöne Worte über ihr Baby ins Ohr, gute Wünsche oder Komplimente. Männer müssen bei dieser üppigen Geschenkeparty draußen bleiben.

Auch religiös kann es bei einem Godh-Bharai-Fest werden, denn häufig wird dabei eine Puja abgehalten, ein hinduistisches Verehrungsritual. Das genaue Datum des Festes bestimmt in aller Regel ein Priester.

Armreif statt Bauchbinde: Schwangerschaftsfest in Tamil Nadu

Welche Accessoires können auch Frauen mit einem deutlich sichtbaren Schwangerschaftsbauch noch gut tragen? Armreifen! Vielleicht ist auch das der Grund, warum diese Schmuckstücke bei der recht weltlichen Zeremonie Valaikaapu im Mittelpunkt stehen, die meist im siebten Schwangerschaftsmonat im südindischen Tamil Nadu gefeiert wird. Veranstalter des Festes sind die Eltern der Schwangeren. Sie selbst trägt einen schwarzen Sari, um sich vor dem »bösen Blick« (siehe Seite 50) zu schützen.

Gefeiert wird mit gutem Essen und Gesang – am wichtigsten ist jedoch, dass die weiblichen Gäste sich und die werdende Mutter mit Dutzenden bunter Armreifen schmücken, vor allem mit roten und grünen, um alle Anwesenden vor bösen Geistern zu schützen. Meistens sind die Schmuckstücke aus Glas, aber auch golden, je nach Wohlstand der Feiernden. Manche der Reifen muss die Schwangere bis zur Geburt ihres Kindes tragen. Das Klirren soll die Sinne des Ungeborenen anregen. Die Partygäste segnen die Schwangere, feiern ihre Fruchtbarkeit und bitten um eine sichere Geburt. Während der restlichen Schwangerschaftswochen bleibt die werdende Mutter von nun an in ihrem Elternhaus.

Willkommen, Baby: Die Sieben-Monats-Zeremonie in Guatemala

Ganz ohne Rummel kommt hingegen die Sieben-Monats-Zeremonie in Guatemala aus: Hier geht es nur um das Baby. Die Tradition will, dass die werdende Mutter durch die Gegend spaziert und dem Ungeborenen mit lauter Stimme die Szenerie beschreibt: die Berge, die Felder, die Seen, die Wälder. Das Kind soll sich schon mal vorstellen, wie die Landschaft aussieht, in die es geboren wird. Auch das Alltagsleben thematisiert die Mutter bei diesem Ritual und erzählt, welches Leben sie führt, wann sie aufsteht und wie sie den Haushalt erledigt.

Der Beruf der Hebamme: Männer müssen draußen bleiben

Von einem Männerberuf kann wahrlich nicht die Rede sein: In Deutschland gibt es nur einen einzigen »Entbindungspfleger«, wie der Beruf der Hebamme in seiner männlichen Form heißt (Stand: 2013). Ähnlich liest sich die Statistik in den meisten Ländern der Erde, von ein paar wenigen Kulturen wie Australien abgesehen. Dort ist die Anzahl männlicher Hebammen zumindest messbar. Ob Männer in Down Under auch wie selbstverständlich zur Behandlung zu weiblichen Urologen gehen, ist nicht bekannt.

Der Begriff »Hebamme« kommt vom althochdeutschen *Hevianna,* was so viel bedeutet wie »Ahnin/Großmutter, die das Neugeborene aufhebt«. Im Mittelhochdeutschen sprach man noch von der *Hebe-Amme.* In Frankreich sind Hebammen *sage-femmes,* also »weise Frauen«. In der englischsprachigen Welt spricht man von *midwife,* das ursprünglich von dem Ausdruck »mit der Frau« stammt. In diversen Kulturen werden Hebammen durch ihre lebenswichtigen Dienste sogar zur »Großmutter«. In den amerikanischen Südstaaten etwa gibt es *granny midwives,* also »Oma-Hebammen«. Ebenso in Bulgarien: Dort wird den *Babas,* also den Omas, wie die

Hebammen auch hier heißen, mit einem eigenen Feiertag gehuldigt (siehe Seite 80).

In der pakistanischen Provinz Belutschistan ist der Einfluss von Hebammen hingegen sogar ein politischer: Sie sind vergleichbar mit den dritten Bürgermeistern innerhalb einer Gemeinschaft. Nach den stammesführenden Großgrundbesitzern und den Mullahs, wie der Ehrentitel islamischer Rechts- und Religionsgelehrter lautet, haben sie vor Ort am meisten zu sagen. Wenn sich zwei Frauen streiten, schlichten die dritten, die Hebammen. Kommt es hingegen zum Streit zwischen den Geschlechtern, geht der Mann lieber zu einem männlichen Schiedsrichter, dem Stammesführer – weil jener ihm meistens Recht gibt.

Bei den Maya sind Hebammen ähnlich einflussreich wie Schamanen. Ebenso wie die Mittler zwischen sichtbarer Welt und der der Geister sind die Geburtshelferinnen nicht durch klassische Bewerbungsrunden zu ihrem Job gekommen – Götter haben sie berufen. In Togo gilt die Hebamme sogar als eine Art Heilige. Das Gute daran: Männer schlagen ihre Frauen eher nicht, solange sie ins Haus kommt. Sie befürchten ansonsten, von der Geburtshelferin bestraft zu werden.

Die eigentliche Arbeit der Hebammen in aller Welt ist ebenfalls so unterschiedlich wie die Kulturen selbst. In westlichen Ländern stehen ihnen medizinische und diagnostische Möglichkeiten wie Wehenschreiber und Blutuntersuchungen zur Verfügung – und gegebenenfalls die Ultraschallbefunde des mitbetreuenden Onkel Doktors. Bei Naturvölkern wie den Maya hingegen mangelt es den Wehfrauen oft an primitivsten Hilfsmitteln wie Scheren und Handschuhen – und doch sind die Hebammen oft die einzigen, die den Gebärenden entlegener Völker bei der Geburt beistehen können. Leider überleben viele Mütter und Kinder die Entbindungen nicht, die unter solchen Bedingungen stattfinden.

In Europa und den USA hingegen trifft frau häufig nur mehr bei der natürlichen Geburt im Kreißsaal und im Wochenbett auf ihre Hebamme. Gynäkologen übernehmen die Vorsorge und die Betreuung in der Klinik. Weil durch diese Entwicklung häufig keine Zeit fürs gute Zureden und das Händchenhalten während der Geburt bleibt, hat sich in den USA ein weiteres Berufsbild ergeben – das der Doulas: Der Begriff leitet sich vom altgriechischen *doulalei* ab und bedeutet »Dienerin der Frau«. Eine Doula, die in der Regel selbst Kinder hat, hat keine medizinische Funktion, jedoch eine emotional unersetzliche. Sie stützt die Frau wie eine beste Freundin bei der Geburt und gerne auch davor und danach, und steht mit Rat und Tat zur Seite. Doulas gibt es inzwischen weltweit, offiziell arbeiten international insgesamt 7000 von ihnen, in Deutschland gibt es rund 120.

Ticker-Info

Händchenhalten auf Bestellung: Doulas in Deutschland

Doulas sind in Deutschland noch nicht sehr bekannt, organisiert sind sie im Verein »Doulas in Deutschland«. Wer offiziell in diesem Beruf arbeiten möchte, durchläuft eine Ausbildung. In insgesamt 85 Unterrichts- und 40 Praxisstunden lernen die Geburtshelferinnen, wie sie Schwangere, Gebärende und Wöchnerinnen am besten unterstützen. Krankenkassen übernehmen ihr Honorar von 400 bis 600 Euro nicht. Doulas sind in der Regel 14 Tage vor und nach dem errechneten Geburtstermin rufbereit. Mehr Infos unter www.doulas-in-deutschland.de.

In den Niederlanden hingegen finden Hebammen paradiesische Verhältnisse vor. Werdende Mütter suchen sie auf, bevor sie beim Frauenarzt vorsprechen. Und falls die Schwangerschaft unproblematisch verläuft, werden sie die gesamten neun Monate hindurch nur durch Hebammen betreut, bis zur Geburt in den heimischen vier Wänden. Die Niederlande sind das Land in Europa mit den meisten Hausgeburten.

Egal jedoch, von welchem europäischen Land wir sprechen: In westlichen Gesellschaften ist es wichtig, dass Hebammen nach strengem Plan ausgebildet und versichert sind. Hebammen in anderen Gesellschaften haben ihre Fähigkeiten hingegen oft durch ihre Mütter oder andere Frauen erworben.

Nochmals anders läuft es bei den Maya. Dort sorgt die Geisterwelt für Nachwuchs und für die Ausbildung im Hebammen-Berufsstand. Die Götter oder eine Erscheinung im Traum entscheiden darüber, wer Hebamme wird. Oft steht die Eignung für den Beruf auch aufgrund des Geburtsdatums fest oder aufgrund anderer Zeichen. So kann etwa ein Stück

Fruchtblase, das bei der Geburt eines Mädchens in dessen Gesicht hängt, den späteren Beruf als Hebamme zur Folge haben.

Die Aufgabe von Comadronas, wie Hebammen bei den Maya heißen, ist es, zwischen spiritueller und realer Welt zu übersetzen, ihre Ausbildung findet unter Umständen nur im Schlaf statt. So kommt es vor, dass eine Figur aus den Träumen der Comadrona die wichtigsten Kniffe für die Geburtshilfe einflüstert. Häufig handelt es sich bei den Traum-Coaches um verstorbene Hebammen, die versichern, die jüngere bei der Geburt zu unterstützen und ihr die Regeln der praktischen und spirituellen Geburtshilfe beizubringen. Während die Maya fest an ihre Visionen glauben, ist für viele anderen Gesellschaften spätestens seit dem ausgebliebenen Weltuntergang, der mit dem Ende des Maya-Kalenders 2012 vorhergesagt wurde, das Vertrauen in das traditionell überlieferte Wissen des Naturvolkes zumindest vorübergehend getrübt.

Wenn die Comadronas jedoch nicht von allen guten Geistern verlassen sind, wenden sie ihre Erkenntnisse an und massieren die Schwangeren, ertasten die Lage des Fötus, stehen bei der Geburt bei, trennen die Nabelschnur ab – und lesen daraus die Zukunft des Kindes.

Leider sind in der Maya-Kultur die Kinder- und die Müttersterblichkeit hoch. Die guatemaltekische Regierung hat auch daher eine Abteilung für die Gesundheit der indigenen Völker eingerichtet, um zwischen traditioneller und westlicher Medizin zu vermitteln, um das Wissen beider zu nutzen und sich gegenseitig zur Verfügung zu stellen.

Einen ähnlichen Zweck verfolgt ein Ausbildungsprogramm für Hebammen, das die Vereinten Nationen in Vietnam ins Leben gerufen haben: Dort wurden sogenannte Wanderhebammen ausgebildet, die selbst aus entlegenen Gegenden im Norden des Landes stammen. Sie haben bereits Bekanntschaft mit der Geisterwelt gemacht, ohne die keine Geburt bei den Naturvölkern denkbar ist – und sind obendrein mit fortschrittlichem Know-how und zumindest einfachen medizinischen Instrumenten ausgestattet. Die Wanderhebammen suchen die Völker in den entlegenen Berggegenden auf und helfen nicht nur bei Geburten, sondern klären die Bevölkerung generell über den Umgang mit Schwangeren, Geburt und Säuglingen auf, um die Sterblichkeit etwa im Stamm der Hmong zu senken.

Bisher hatte dort lediglich eine erfahrene Frau, häufig die Schwiegermutter, als Hebamme fungiert. Dies ist in unserer Kultur noch schwerer vorstellbar als eine Hebammen-Ausbildung durch spirituelle Visionen.

Gut zu wissen

Bulgarien: Ein Fest für die Geburtshelferin

In Bulgarien begeht man am 21. Januar, nach gregorianischem Kalender am 8. Januar, den Babinden, ein fröhliches weibliches Volksfest. Männer dürfen nicht mitfeiern. Der Babinden ist ein Feiertag für die Baba, die Hebamme, die

Wöchnerinnen und die Gesundheit der Kinder. Mit dabei sind vor allem im ländlichen Bulgarien alle jungen Frauen, die im vergangenen Jahr entbunden haben.

Der Tradition nach besuchen die Hebammen an diesem Tag alle Familien, in denen sie im vergangenen Jahr Kindern auf die Welt geholfen haben, und baden die Säuglinge, begleitet mit vielen Segenswünschen. Danach wird den Babys Honig und Butter auf die Stirn geschmiert – dies soll vor Krankheit schützen. Als Gegenleistung schenken die Familien Wolle und Ritualkringel, spezielles Brot in Form kleiner Brezen.

An einer üppig gedeckten Tafel feiern die jungen Mütter ihre Hebamme schließlich mit Liedern und Tänzen. Aufgetischt wird Brot, Baniza (eine Blätterteigspezialität mit Käse), gegrilltes Huhn und Wein. Nach dem Mahl waschen die jungen Mütter der Hebamme die Hände und schenken ihr Hemden, Schürzen und Strümpfe. Das Fest endet mit dem sogenannten Wletschugane-Ritual, bei dem die Frauen die Hebamme in einem Fluss oder einem Brunnen baden. Die jungen Frauen singen dazu schlüpfrige Lieder und tanzen.

In Bulgarien ist man überzeugt davon, dass die Baba den Babys, die sie auf die Welt bringt, auch Weisheit schenkt. Wenn die Kinder größer werden, besuchen viele von ihnen die Hebamme weiterhin einmal pro Jahr.

Endspurt: Abwarten und Himbeerblättertee trinken

Es reicht. Im Laufe der späten Schwangerschaft geht meist nichts mehr, die werdende Mutter fühlt sich rund wie Mutter Erde, das Kind soll endlich auf die Welt kommen – schmerze es, was es wolle. Alle To-Dos sind zu diesem Zeitpunkt in der Regel erledigt, was bei den Ureinwohnerinnen Alaskas doppelt wichtig ist: Haben sie zum Wehenbeginn nicht jedes Projekt beendet, das sie begonnen haben, verlängert sich die Geburt, so der Volksglaube. Denn erst wenn keine Altlasten mehr anliegen, kann das neue, größte Projekt gestartet werden: das Projekt Baby. Der viel gehörte Satz: »Ein Kind kommt, wenn es kommt«, hilft der leidenden Hochschwangeren zu diesem Zeitpunkt jedoch nicht weiter. Damit der Startschuss für die Geburt endlich fällt, müssen also Hausmittel aus aller Welt herhalten.

Eine zumindest beim männlichen Part des werdenden Elternpaares beliebte Methode in vielen Kulturen dieser Welt, die Wehen in Gang zu bringen, lautet: Geschlechtsverkehr. Das soll hier an dieser Stelle nicht bedeuten, dass Frauen generell weniger Lust auf Sex haben als Männer – aber wenn frau hochschwanger mit den Ausmaßen eines Walfisches ausgestattet ist, hat sie körperlich eher andere Bedürfnisse als den Liebesakt. Dennoch ist die wehenauslösende Wirkung von Sex kein Märchen liebeshungriger Ehemänner. Nein, dabei werden die wehenauslösenden Hormone Prostaglandin und Oxytocin gebildet. Dass die Menge reicht, die Geburt anzustoßen, ist eher unwahrscheinlich. Aber viel hilft viel, davon sind zumindest die Amazonas-Indianer überzeugt, die gegen Ende der Schwangerschaft traditionell durch richtig viel Geschlechtsverkehr versuchen, die Geburt einzuleiten.

Doch nicht nur Sperma eignet sich für den Startschuss der Wehen: Generell gilt vieles, was glibbert und flutscht, als Mittel der Wahl. Glitschige Lebensmittel wie Butter oder Meeresfrüchte dürfen auch oral eingenommen werden, um den gewünschten Effekt zu erziehen (siehe Seite 62 f.).

Der Erfolg des weltweit beliebten Rizinusöls als Zutat von Wehencocktails erklärt sich auf andere Weise. Was den Darm anregt, führt auch zu Kontraktionen der Gebärmutter. Da Rizinusöl abführend wirkt, soll es folglich auch Wehen auslösen. Doch Vorsicht: Bei hartnäckigen Fällen besteht die Gefahr, lediglich einen Super-Durchfall zu bekommen, statt einer Super-Geburt. Der Startschuss für die Geburt sollte auch erst fallen, wenn auch der Muttermund weich genug ist, um sich zu öffnen. Ist der Körper der Mutter noch nicht bereit, stellt der Wehencocktail eine Gefahr für Mutter und Kind dar. Wer ihn daher nicht mit dem Segen und in Absprache mit einer Hebamme oder einem Arzt einnimmt, greift im Alleingang besser zu softeren Alternativen wie scharfem Essen oder Gewürzen wie Ingwer und Zimt. Diese sollen ebenfalls die Wehen in Schwung bringen.

Es tut sich immer noch nichts? Abwarten und Tee trinken lautet jetzt die Devise. Am besten Himbeerblättertee. Obwohl seine Wirksamkeit wissenschaftlich nicht belegt ist, schwören Hebammen aus aller Welt auf den Wundertrunk, von den Indianerstämmen Nordamerikas bis zu den Krankenhaushebammen Deutschlands. Er soll Wehen auslösen, den Muttermund geschmeidig machen und einem Dammschnitt vorbeugen. Wegen dieser Wirkungen dürfen Schwangere ihn erst in der späten Schwangerschaft konsumieren.

Und noch mehr hat der Medizinschrank der Natur zu bieten: Thailändische Schwangere essen von Mönchen gesegnete Lotusknospen. Der Körper der Schwangeren soll sich anschließend ebenso leicht und selbstverständlich öffnen wie die Blüte.

Auch bei einem weiteren Brauch aus Thailand ist ein Mönch im Spiel, oder zumindest ein Heiler oder eine Hebamme. Ab dem achten Schwangerschaftsmonat unterziehen sich werdende Mütter in traditionellen Gebieten rituellen Waschungen. Das benötigte Wasser ist durch heilige Worte einer heiligen Person geweiht, den Nam Mon. In der Regel findet die Zeremonie nur ein oder zweimal pro Monat statt, ansonsten wären die Schwangeren allzu sehr von Müdigkeit geplagt. Früher haben Gebärende das Wasser beim Wehenstart getrunken.

Eine Waschung würde Schwangeren auch in Deutschland nicht schaden, wenn sie folgenden wehenauslösenden Tipp befolgen: Sie könnten Treppensteigen, denn dadurch bringt die Schwangere nicht nur den Kreislauf, sondern möglicherweise auch das Baby in Bewegung. Doch Vorsicht: Selbst wenn ihr die Puste ausgeht, ist es der Schwangeren zumindest in manchen asiatischen Gegenden nicht erlaubt, sich hinzusetzen. Das sollte sie beachten, falls sie konditionell nicht mehr auf der Höhe ist. Der Grund: In Thailand, Malaysia und Indonesien droht einer werdenden Mutter, die auf Treppenstufen Platz nimmt, eine Geburt voller Blockaden, bei der das Baby den Ausgang nur schwer findet.

Das Kind in die richtige Ausgangsposition für die Geburt zu bringen, ist auch auf sehr spaßbringende Weise möglich: durch Bauchtanz, aber auch durch die verwandten Versionen wie den hawaiianischen Hula und durch Tänze der neuseeländischen Maori. Die sinnlichen Bewegungsabläufe sind generell bestens geeignet für Schwangere: Sie stärken Bauch- und Rückenmuskulatur und aktivieren den Beckenboden. Sie tragen dazu bei, die Wirbelsäule zu entlasten und zu kräftigen, das Becken zu entspannen und die Hüfte beweglich zu halten. Auch bei den Berbern, der Urbevölkerung des nördlichen Afrika, hat der Bauchtanz zur Geburtsvorbereitung eine lange Tradition.

Wie eine getanzte Geburtseinleitung aussieht, die schließlich tatsächlich zur Geburt führt, hat die amerikanische Bauchtänzerin Morocco dokumentiert, die 1967 bei einem Berberstamm lebte. Im Schutz eines Zeltes hatte sich die Schwangere umringt von Freundinnen und weiblichen Familienangehörigen versammelt. Die Frauen tanzten und machten Bauchrollen, die Wehenkontraktionen im Takt der werdenden Mutter nachahmten. Es konnte Tage dauern, bis die

Wehen richtig Fahrt aufnahmen, dennoch tanzten die Frauen bis zur Geburt. In entlegenen Bergdörfern finden derartige Zeremonien bis heute statt.

Und was, wenn die Schwangeren trotz der vielen Bewegung kalte Füße bekommen? Dann geht es bald los mit der Geburt, sagen zumindest malaysische Hebammen. Denn: Sind die Zehen und andere Extremitäten einer werdenden Mutter kalt, dauert es nicht mehr ewig, bis die Geburt beginnt. Das Blut ist dann bereits auf dem Weg zur Gebärmutter – daher die kühlen Temperaturen im Schuh. Weil es nun wiederum um das Baby herum allzu warm ist, wird es ihm ungemütlich – es will also raus. Doch: Ein kalter Zeh macht noch keinen Wehenbeginn. Erst wenn auch die Sprunggelenke kalt sind, steht die Geburt unmittelbar bevor.

Ob die in diesem Abschnitt genannten Hilfsmittel helfen, die Geburt zu beschleunigen? Zumindest ist die werdende Mutter erstmal beschäftigt, all die Maßnahmen zu testen. Dann fällt das Warten leichter – auch was wert.

Jetzt kommt's!

Die Geburt

Jetzt ist es so weit: Die Wehen machen ihrem Namen alle Ehre, die Geburt beginnt, häufig unter Schmerzen. Und dann? Bringt der Storch das Kind. Zumindest in Deutschland. Dort erzählen Eltern seit dem 19. Jahrhundert, Meister Adebar habe der werdenden Mutter ins Bein gebissen, weshalb sie nun das Bett hüten muss – seit einer Zeit also, als das prüde Bürgertum nicht offen über das Kinderzeugen sprechen wollte. Während also die Mutter liegt, holt der Vogel ein ungeborenes Kind aus einem Brunnen und platziert es neben ihr. So einfach ist das, der Legende nach.

Warum Adebar ausgerechnet ins Bein biss? Diese Tatsache ist vermutlich der mythologischen Vorstellung einer Geburt aus dem Bein geschuldet. Und dass es ausgerechnet der Storch ist, der die Kinder bringt, kommt vermutlich daher, dass er sich gerne in Tümpeln aufhält. Dort wohnen ungeborene Seelen, wie in vielen anderen Gewässern auch. Auch trauen die Menschen einem ausgewachsenen Storch viel eher als einer Amsel oder einer Meise den Transport von Säuglingen zu.

Wer nicht glaubt, dass der Storch die Kinder bringt, darf sich in diesem Kapitel gerne mit weiteren Geschichten und Legenden über die faszinierendste Sache überhaupt beschäftigen. Es geht auf den folgenden Seiten um die Geburt eines Menschen.

Geburtsort: 1000 places to see when you're born

Die Tatsache, ob ein Kind in der Schweiz oder auf Papua Neuguinea geboren wird, im Senegal oder auf Hawaii, bestimmt häufig, wie reich, arm, geborgen und gesund es aufwachsen wird. Auch ob das Kind im weiß gekachelten Ambiente einer Klinik oder im wilden Dschungel, in den eigenen vier Wänden oder an einem Fluss zur Welt kommt, hängt wesentlich von der Kultur ab, in der es aufwachsen wird.

In den westlichen Kulturen ist eine Geburt im Kreißsaal eines Krankenhauses der Normalfall. Allerdings gibt es auch hier Ausnahmen, in Holland finden 20 bis 30 Prozent der Geburten zu Hause statt – und das nicht, weil es die wehenden Frauen nicht mehr mit lautem Tatütata in die Klinik schaffen würden, sondern weil Schwangere hier traditionell höchstes Vertrauen in die Fähigkeiten von Hebammen setzen. Sie gebären lieber in einer Wohlfühl-Umgebung als in der Anonymität einer Klinik. Ganz anders in Deutschland: Hier finden nur knapp zwei Prozent der Geburten außerhalb eines Krankenhauses statt.

Deutsche Frauen dürfen sich im internationalen Vergleich durchaus als Exotinnen fühlen, denn weltweit ist es der Normalfall, in den eigenen vier Wänden zu entbinden – so unterschiedlich diese auch aussehen mögen. Ob sich die wehende Frau darin verbarrikadiert oder ob die Geburt bei offenem Fenster stattfindet, hängt wiederum vom jeweiligen Volksglauben ab. In vielen Ländern Afrikas etwa wird jede noch so kleine Ritze nach draußen abgedichtet. So werden Mutter und Kind sowohl vor bösen Geistern als auch dem »bösen Blick« geschützt. In Thailand hingegen stehen Türen und Fenster weit offen. Nicht, damit jeder Nachbar mal auf ein Schwätzchen vorbeikommt – die Thailänder glauben vielmehr, dass bei ihrem speziellen »Tag der offenen Tür« eine einfache Geburt ohne Hindernisse bevorsteht. Er symbolisiert die Öffnung des Muttermundes, und die Schwangeren stellen sich auf diese Weise die Abläufe, die im Körper passieren, bildhafter vor. Sie lassen leichter los.

Doch Vorsicht: Damit diese Wirkung nicht verloren geht, darf in Thailand niemand im Haus Nägel in die Wand schlagen. Das würde sich blockierend auf die Geburt auswirken. Zudem darf sich der genaue Ort, an dem die Mutter entbindet, zumindest in Indien, nicht unter dem Hauptbalken des Daches befinden: Hier hält sich dem hinduistischen Glauben zufolge der Gott des Todes auf.

Auch im pakistanischen Chattagong stehen alle Türen und Fenster offen, und noch mehr: Alle Vorhänge im Haus sind gelöst, die Flaschen entkorkt, die Fässer geöffnet. Kühe und Schafe sind nicht mehr angebunden und laufen frei herum. In Malaysia und Indien ist ähnliches zu beobachten, hier gibt es denn auch nur eine einzige Frisur, die bei Gebärenden denkbar ist. Bei dieser handelt es sich nicht um einen kunstvollen

Zopf – die Haare sind offen. In der Türkei lockern werdende Väter die Schnürsenkel und knöpfen das Hemd auf.

Übrigens: Beim heimischen Kreißsaal handelt es sich in Thailand nicht zwingend um das Schlafzimmer. Hier kommt das Neugeborene auch mal in der Küche zur Welt und darf gleich die köstlichen Gerüche der heimischen Kochkultur erschnuppern. Dekoriert ist der Geburtsraum, egal ob es sich dabei um Küche oder Schlafzimmer handelt, in Thailand häufig mit kleinen Fähnchen, die magische Zahlen, Buchstaben oder Zeichen zeigen. Jedes dieser Fähnchen trägt dazu bei, böse Geister zu vertreiben.

Bei den afrikanischen Zulu fungieren werdende Eltern ebenfalls als Innenarchitekten und verwandeln den heimischen Geburtsraum in eine Wohlfühl-Oase. Immerhin soll das Baby gleich nach der Geburt nur Schönes sehen. Perlen, Schnitzereien und anderer Schmuck sind daher in Sichtweite aufgebaut.

In ästhetischem Rahmen gebärt es sich auch in der Türkei. Dort wässert die Hebamme beim Einsetzen der Wehen eine getrocknete Rose von Jericho. Diese Blume blüht beim Kontakt mit dem Wasser und symbolisiert den sich öffnenden Gebärmutterhals. Die Geburt falle dadurch leichter. Wie die Blüte erblickt schließlich das Kind das Licht der Welt.

Ein anderes Gewächs aus der Natur befindet sich im Gepäck malaysischer Hebammen: Sie bringen stachelige Ananas mit und sorgen dafür, dass sie unter den Häusern der Gebärenden platziert sind. Dieser Brauch dient dem Schutz von Mutter und Kind vor bösen Geistern aus der Erde. Das Blut, das während der Geburt auf den Boden tropft, würde sie ansonsten anlocken. Weil doppelt besser hält, haben malaysische Geburtshelferinnen noch ein weiteres Gegenmittel gegen Geister dabei: Sie streuen eine Mixtur aus Reis, Salz, Safran und Tamarinde auf den Boden und in alle vier Himmelsrichtungen. Die Geister wissen dann, dass die Leute im Haus wachsam sind und sich nicht übertölpeln lassen.

Böse Zungen behaupten ja, dass auch Schwiegereltern von bösen Kräften besessen sind. Werdende Väter bei den Basuto in Lesotho haben dennoch keine andere Wahl, als ihnen Frau und Kind zu überlassen. Im Haus des Großelternpaares mütterlicherseits findet nämlich traditionell die Geburt statt. Dies liegt daran, dass das Baby später in den Besitz der Großeltern übergeht. So fordert es die Tradition. Bevor sie es endgültig behalten, stillt es die Mutter in ihren eigenen vier Wänden, meist für eine Phase von 18 Monaten. Danach muss das Baby ins Großelternhaus zurückkehren. Die leiblichen Eltern haben keinen Anspruch mehr darauf. Sollte das Kind ein Mädchen sein und verheiratet werden, kassieren auch nur die Großeltern das Ehegeld.

Auch in anderen Stämmen ziehen sich Afrikanerinnen häufig zur Entbindung ins Haus der werdenden Großeltern zurück. Sie sind davon überzeugt, dass hier die guten Geister der Ahnen wohnen, die bei der Geburt beistehen.

Bei den Eipo in den zerklüfteten Bergen von West-Neuguinea sind es nicht die verstorbenen Vorfahren, die helfen. Hier greifen die weiblichen Verwandten aus Fleisch und Blut der Gebärenden unter die Arme. Die Geburt findet zu Hause im Kreise geburtserfahrener Familienmitglieder statt. Diese massieren die Gebärende, sie stützen sie, reiben ihre Beine ein und sorgen für das leibliche Wohl. Von solch einer Luxus-Wellnessbehandlung kann frau unter normalen Umständen nur träumen ...

Häufig verlassen Gebärende auch die eigenen vier Wände und die ihrer Verwandten. Sie sind gezwungen, sich in Häuser und Hütten zurückzuziehen, die eigens für »unreine« Frauen gebaut sind. Spüren etwa äthiopische Jüdinnen die ersten Wehen, gehen sie gemeinsam mit weiblichen Familienangehörigen und Nachbarinnen zum sogenannten Margam Gudo, dem Haus für unreine Frauen, die entweder entbinden oder schlicht ihre Periode haben. Bis zum siebten Tag nach der Geburt eines Jungen und bis zum 14. nach der Geburt eines Mädchens bleiben Mutter und Kind in der Hütte, die außerhalb der Ortsgrenzen liegt. Danach geht es ebenfalls noch nicht nach Hause, doch es gibt einen Tapetenwechsel: Jetzt ziehen Mutter und Kind bis zum 40. Tag nach der Geburt eines Jungen beziehungsweise bis zum 80. Tag nach der eines Mädchens in den Aras Gudo, das Haus für Frauen nach der Niederkunft.

Auch die pakistanischen Kalasha-Frauen gebären in einem speziellen Frauenhaus, das Bashaleni heißt und das speziell für als unrein geltende Frauen gedacht ist. Männer bleiben ganz und gar fern, aus Angst, sie könnten durch die Körperflüssigkeiten oder gar die Luft, die bei einer Geburt ausströmt, verschmutzt werden. Auch andere Frauen, die bereits entbunden haben oder es künftig tun werden, machen einen Bogen um das Haus. Die einzigen, die bei der Geburt assistieren, sind menstruierende Frauen, die ebenfalls als unrein gelten und daher mit den Gebärenden eine Zwangs-

WG bilden müssen. Nach der Geburt unterziehen sich die Frauen einem speziellen Ritual, um wieder rein zu sein.

Wer an dieser Stelle glaubt, dass eine Haus- oder Hüttengeburt bereits der Inbegriff einer natürlichen Geburt ist, irrt. Es geht noch viel urgewaltiger, draußen, wo wilde Flüsse, wilde Löwen, wilde Stämme toben.

Ein größeres Naturerlebnis als bei den Geburten der Frauen der !Kung-Buschleute in der südafrikanischen Savanne gibt es vermutlich nicht. Rund jede zweite Schwangere dieses Stammes zieht sich zu Beginn ihrer Wehen in die Abgeschiedenheit zurück und entbindet dort vollkommen allein im Busch hockend, ohne jegliche fremde Hilfe. Dies gilt als Ideal und als Zeichen der Stärke der Frauen.

Dies nachzuahmen, ist jedoch alles andere als empfehlenswert. Die !Kung-Frauen kämpfen beim Gebären nicht nur mit den gesundheitlichen Gefahren, die ihre Entbindung für sie und ihre Babys bereithalten. Sie kämpfen auch mit der Bedrohung durch lauernde Hyänen und Löwen, die durch den Geruch des Blutes angezogen werden.

Ist alles gut gegangen, trennen die Mütter nach der Geburt idealerweise die Nabelschnur selbstständig ab, vergraben die Plazenta – und kehren mit dem Neugeborenen im Arm ins Dorf zurück. Kommt das Baby hingegen stark behindert auf die Welt, soll es keine Seltenheit sein, dass !Kung-Frauen Kindsmord begehen. Dasselbe passiert, wenn der Altersunterschied zum Geschwisterkind so klein ist, dass sie Angst haben, der neuen familiären Herausforderung nicht gewachsen zu sein.

Viele der oft sehr jungen Erstgebärenden des Stammes fürchten sich jedoch dermaßen vor der Geburt, dass sie ihre

Mutter oder eine andere Verwandte mitnehmen. Was man hierzulande als schlau einstufen würde, wird dort als große Schwäche gewertet.

Bei den Gumuz, einer in Äthiopien und im Sudan ansässigen Ethnie, sind die Erstgebärenden ebenfalls oft blutjung. Auch sie müssen ihre Dörfer verlassen, sobald die Geburt ansteht. Mindestens drei Tage sollen sie dem Dorf fernbleiben, denn das Blut, das bei der Geburt fließt, würde ansonsten einen Fluch über die ganze Familie bringen. Häufig ziehen sie sich in einen Wald, in den Busch oder an ein Flussufer zurück.

Und dann gibt es Frauen, die nicht nur am, sondern sogar im Wasser entbinden – und damit sind nicht die Gebärbadewannen eines modernen Klinikums gemeint. Am Amazonas sollen sich auch heute noch die Frauen vieler Urwaldvölker an Mangroven festhalten, während sie ihr Kind im Fluss zur Welt bringen. Auf Hawaii hat die Geburt in Süßwasserteichen eine lange Tradition, die gelegentlich auch heute noch gewahrt wird. Auch eine Geburt mit Delfinen ist dort möglich. In bestimmten Küstenbereichen kommen die Delfine nah genug ans Ufer, um als Geburtsbeistand zu fungieren. Alternativ entbinden Frauen in Teichen, zu denen die Meeressäuger Zugang haben. Die als besonders freundlich und intelligent geltenden Tiere helfen nicht nur ihren eigenen Artgenossen bei der Geburt, sondern auch menschlichen Gebärenden. Durch ihre Fürsorge vermitteln sie ein Gefühl von Geborgenheit. Teilweise begleiten sie sogar das Neugeborene an die Wasseroberfläche, für den ersten Atemzug. Es bleibt dabei nicht aus, dass private Anbieter aus dieser Art Erlebnis-Geburt ein großes Geschäft machen. Wie seriös diese sind, ist von Deutschland aus schwer zu beurteilen.

Wer Delfingesang und Meeresrauschen entspannend findet, hierfür die Geburt aber nicht zwingend an den Ozean verlegen möchte, kann den Sound des Pazifik in den Kreißsaal holen: Es gibt CDs, die Walgesang, Delfine und Meeresrauschen abspielen. Wer diesen Soundtrack zur Geburt wählt, sollte allerdings den werdenden Vater und die anwesenden Hebammen vorwarnen: Sonst verwechseln sie am Ende den Walgesang mit dem Sound der einsetzenden Presswehen.

Gut zu wissen

Schweiz: Das beste Land, um auf die Welt zu kommen

Wehende Mütter aus Deutschland könnten es schaffen, vor der Geburt noch in das Land zu gelangen, von dem aus ihr Baby die weltweit besten Startmöglichkeiten ins Leben hat: in die Schweiz. Der von der britischen Wochenzeitschrift *Economist* veröffentlichte »Where-to-be-born Index« hat gemessen, dass der kleine Staat Neugeborenen die höchste Lebensqualität beschert. Die aktuellsten Zahlen zum Druckschluss dieses Buches betreffen eine Geburt im Jahr 2013. Die Studie berücksichtigt Faktoren wie materiellen Wohlstand, Lebenserwartung, Qualität des Familienlebens, politische Freiheit, Jobsicherheit, Klima, physische Sicherheit, gesellschaftliches Leben, Staatsführung oder Gleichstellung der Geschlechter. Auch ein Ausblick auf das Jahr 2030, wenn die Neugeborenen das Erwachsenenalter erreichen, ist in die Beurteilung eingeflossen. Die Top Ten der attraktivsten Geburtsländer:

1. Schweiz
2. Australien
3. Norwegen
4. Schweden
5. Dänemark
6. Singapur
7. Neuseeland
8. Niederlande
9. Kanada
10. Hong Kong

Man sieht: Um die Spitzenplätze konkurrieren vor allem kleinere Volkswirtschaften. Deutschland und die USA teilen sich Platz 16. Weniger gute Chancen auf Wohlstand haben Kinder, die in der Ukraine, Kenia oder Nigeria zur Welt kommen (Platz 78 bis 80).

Ticker-Info

Hoppla, ein Baby: Die ungewöhnlichsten Geburtsorte

Es ist gar nicht so selten, dass Schwangere nichts über ihre neuen Umstände wissen – und dann staunen, wenn sie plötzlich nichtsahnend an einem sehr überraschenden Geburtsort ein Kind entbinden. Auch eine Sturzgeburt führt oft zu unfreiwillig ungewöhnlichen Erlebnissen. Eine kleine Liste kurioser Kreißsäle:

Kreißsaal Klassenfahrt: Eine zwölfjährige Niederländerin hatte 2011 während einer Klassenfahrt ein Baby geboren – und war total überrascht von ihrer Schwangerschaft. Nicht ausgeschlossen ist, dass es sich bei dieser Geschichte um einen traurigen Fall von Kindesmissbrauch gehandelt hat.

Über den Wolken: Eine dreiviertel Stunde nach dem Start setzten die Wehen einer 29 Jahre alten Frau aus Kamerun auf dem Flug aus ihrer Heimat in die Schweiz ein. Der Pilot flog weiter, da ein Arzt und eine Krankenschwester an Bord waren. Ein Mädchen wurde damals, im Juli 2000, in mehreren Tausend Metern Höhe geboren.

Zugfahrt ins Leben: Im Hochgeschwindigkeitszug Thalys gebar eine Frau ihre Tochter im Mai 2009 zwischen Paris und Brüssel. Dies dürfte nicht die letzte Fahrt für das Kind gewesen sein: Das kleine Mädchen erhielt eine lebenslange Freikarte als Geburtstagsgeschenk.

Die Geburtsposition: Turnen für Fortgeschrittene

So. Die Frau ist hoffentlich am Ort angekommen, an dem sie ihr Kind zur Welt bringen will – oder der Tradition wegen zur Welt bringen muss. Jetzt gilt es: In wenigen Stunden ist das Kind da, im Falle einer Sturzgeburt sogar in wenigen Momenten. Bevor es so weit ist, nimmt die werdende Mutter die Gebärhaltung ein.

Wie diese aussieht, hängt häufig von der Kultur ab, in der sie lebt. In Deutschland liegen werdende Mütter meist in Rückenlage auf dem Bett. Die hierzulande beliebte Periduralanästhesie lässt oft keinen anderen Spielraum. Weitere Vorteile der Rückenlage sind, dass die Hebamme den Geburtsfortschritt besser beobachten und leichter eingreifen kann. Frauen in Naturvölkern jedoch gebären lieber in einer halbaufrechten Stellung, hockend oder kniend, und lassen somit die Schwerkraft als Geburtshelfer mitarbeiten.

Sitzend und über den Tellerrand beziehungsweise über die Couscous-Schale hinausblickend gebären Frauen in der algerischen Sahara. Die wehende Frau nimmt am Rand einer großen Schüssel Platz, ebenso die Hebamme – diese jedoch am gegenüberliegenden.

Aufwändiger geht es bei den Aborigines zu. Die Gebärende zieht sich gemeinsam mit ihrer Mutter in die Nähe einer mit Wasser gefüllten Felsmulde zurück. Am Geburtsort angekommen, entfacht die werdende Oma ein Feuer. Die Hochschwangere lässt sich vom Rauch einhüllen. Anschließend stemmt sie sich gegen einen Baum, der während der Schmerzen ihr Rückgrat stärkt. Die Geburtshelferin gräbt derweil ein Loch zwischen den Beinen ihrer Tochter. Ist das Kind auf der Welt, entscheidet die werdende Oma blitzschnell als Richterin über Leben und Tod. Sieht das Baby kränkelnd aus, wirft sie es noch vor dem ersten Schrei in die Erde und begräbt es.

Auch bei den Frauen der Yanonami-Stämme im Nord-Westen Brasiliens assistieren Bäume als Geburtshelfer. Die werdenden Mütter knien sich neben die Stämme und umarmen sie. Dies gibt Energie und Kraft für die gesamte Geburt.

Ebenfalls auf den Knien gebären viele Frauen in Guatemala. Vollständig bekleidet sind sie auf einer Strohmatte und stützen sich an einem Bett ab. Statt eines Baumes stehen ihnen als Kraftquellen ihre eigenen Männer zur Verfügung, die ihnen – auch im Wortsinne – unter die Arme greifen.

Im selben Land, bei den Maya, helfen ebenfalls die werdenden Väter – durch K(n)opfdruck. Dadurch, dass sie den Kopf der Gebärenden wie den Buzzer in einer Talkshow drücken, weisen sie dem Baby den Weg nach unten.

In Thailand bevorzugen Männer den Druck auf eine andere Körperstelle. Während sich die Gebärenden im Sitzen gegen ihre Körper lehnen, pressen sie ihre Zehen gegen die Schenkel der Frauen. Dies lindert den Schmerz.

Im Sudan hingegen hängt die Gebärende buchstäblich in den Seilen. Sie klammert sich an einen Strick, den die sogenannte »Seil-Hebamme« an der Decke ihrer Hütte befestigt hat. In dieser Position hat die werdende Mutter die Wahl zwischen Hocken und Stehen. Weibliche Familienangehörige stützen sie an den Hüften. Dies klingt nach einem ziemlichen Kraftakt, der die frischgebackene Mutter reif macht für die Hängematte. Was uns zu den brasilianischen Tapirape-Frauen führt: Sie schaukeln bereits während der Wehen in Hängematten, den Rücken wie eine Banane geformt. Die Beine baumeln links und rechts über den Rand hinunter. Klingt beschaulich, dennoch geht es zur Sache, zumindest spätestens bei den Presswehen: Dann schneidet die Hebamme einen Schlitz in die Hängematte, durch den das Kind in ihre Arme gleitet.

Bei den Wayana-Indianern im südamerikanischen Guyana gibt es ebenfalls Hängematten für die Gebärenden, allerdings sind diese nicht allein für die Frauen bestimmt: Die Männer schaukeln mit. Die Damen sitzen während der Geburt auf den Schößen der werdenden Väter.

Dies würde Frauen der westlichen Kultur sicherlich attraktiver erscheinen als eine Geburtsstellung, die auf den südpazifischen Tonga-Inseln populär ist. Wenn die Frauen dort nicht in der Klinik entbinden, lautet der traditionelle Geburtsort: Schoß der Oma. Die Gebärende sitzt auf ihrer Mutter, diese wiederum auf weichem Boden – bis schließlich die nächste Generation auftaucht.

In Indien gehen Gebärende häufig ebenfalls auf Tuchfühlung, hier allerdings mit den Hebammen. Die Frauen testen im Verlauf der Geburt verschiedene Positionen aus. Auf der Zielgeraden jedoch liegen sie in der Regel mit dem Rücken auf dem Boden, die Hebammen sitzen rittlings auf ihnen. So haben die Geburtshelferinnen eine gute Ausgangslage, um zu helfen, die Kinder aus den Mutterleibern zu schieben.

In manchen Ländern achten die Hebammen nicht nur auf die günstigste Gebärhaltung, es spielt auch eine Rolle, in welche Himmelsrichtung die werdenden Mütter blicken, wenn die Kinder zur Welt kommen. In Thailand orientieren sie sich gen Osten, weil dies die Entstehung neuen Lebens symbolisiert.

Im benachbarten Malaysia wiederum ist der Osten tabu: Hier blicken die Gebärenden gen Westen oder Süden. Bevorzugt in Richtung Westen, nach Mekka, da dies die Richtung ist, in welche gläubige Moslems die Gebete schicken. Eine Geburt gen Norden wäre mit schlechten Vorzeichen verbunden, denn Tote werden mit Kopf gen Norden beerdigt. Der Osten wiederum steht unter dem Einfluss böser Geister.

Gut zu wissen

Gebären am Schabbat: Geht noch was?

Am Schabbat liegt in Israel der Hund begraben. Am siebten Wochentag des jüdischen Kalenders – vom freitäglichen bis zum samstäglichen Sonnenuntergang – verrichten gläubige Juden keine Arbeit und auch sonst wenig. Touristen staunen oft darüber, dass dann im Hotel kein warmes Essen auf den Tisch kommt. Ein selbststeuernder Aufzug transportiert sie und hält dabei automatisch in jedem Stockwerk – denn Juden dürfen am Schabbat keinen Schalter drücken. Und noch mehr: Sie dürfen nicht Autofahren, im Garten arbeiten, nicht ausgehen. Was aber, wenn sich die Wehen einer Hochschwangeren nicht an die Schabbatgesetze halten und mit voller Kraft ihre Arbeit aufnehmen?

Wenn es um Leben und Tod geht, wie bei einer Geburt, dürfen die Beteiligten – so moderat es geht – gegen Schabbatgesetze verstoßen. Die Schwangere darf ein Auto ins Krankenhaus nehmen, das am besten ein nichtjüdischer Taxifahrer steuert. Idealerweise hat sie auch einen Umschlag mit genügend Geld bereitliegen, das sich der Chauffeur selbst nimmt. Im Krankenhaus angekommen, sollte die werdende Mutter nichts unterschreiben. Lässt es sich nicht vermeiden, nimmt sie dafür die linke Hand. Was weiter passiert bei einer jüdischen Geburt: Der werdende Vater liest bestimmte Psalmen vor, am besten auf Hebräisch. Auch schmückt er das Krankenhauszimmer mit einem speziellen Psalm sowie Gebetstexten. Sinn des Ganzen ist, das Kind von Anfang an mit heiligen Zeichen zu umgeben. Gläubige Juden erhoffen sich, dass sich ihr Nachwuchs später zu dem hingezogen fühlt, was er seit frühester Kindheit kennt.

Die Schmerzverarbeitung: Viel Lärm oder nichts

In vielen Geburtsvorbereitungskursen in Deutschland impfen Hebammen den werdenden Müttern ein, bei der Entbindung zu schreien, was das Zeug hält. Es gebe nämlich eine unsichtbare, aber entscheidende Verbindung zwischen Mund und Muttermund. Wenn der Mund locker ist und sich öffnet, weit öffnet, lässt auch der Muttermund los.

Gut gebrüllt, Löwin: Die deutsche Hebamme Luise Kaller hat in mehr als 40 Jahren über 10.000 Kinder auf die Welt geholt – und in einem Interview mit der *ZEIT* die Lautstärke von Schwangeren verschiedener Nationalität verglichen. Am meisten überrasche sie, »wie sehr die Klischees sich bestätigen«. Italienerinnen, sagt sie, würden »sehr ausdrucksstark« leiden. Türkinnen schreien ebenfalls extrem. »Vermutlich, um den Männern zu zeigen, wie sehr sie leiden«, sagt sie. »Ein türkischer Vater hat mir mal gesagt: Je mehr eine türkische Frau schreit, also leidet, desto mehr Gold gibt es später. Ob's stimmt? Ich weiß es nicht.« In Blogs und Internetforen bestätigen Frauen dies: Die Verwandten gebärender Türkinnen warten oft vor der Tür auf die Ankunft des neuen Familienmitglieds. Je lauter sie auf dem Flur das Wehklagen der

Mutter hören, desto höher fällt später der Geschenkeberg aus. Luise Kaller wunderte sich auch über Russinnen, die erstaunlicherweise oft nach ihrer Mutter rufen: *»Mamutschka! Mamutschka!«*

Deutsche Frauen seien hingegen auch in der Extremsituation des Gebärens um Selbstdisziplin bemüht. »Die sind am programmatischsten«. Deutsche wagen es jedoch, berichtet eine andere Hebamme im Internet, den Schmerz rauszuschreien, doch nach der Geburt entschuldigen sie sich dafür.

Kontrollverlust fürchten häufig auch US-Amerikanerinnen in einem Land, in dem Kontrolle über alles herrscht. Teilweise ist es daher Trend, den Kaiserschnitt auf Wunsch zu ordern. Als *»too posh to push«,* zu vornehm zum Pressen, werden jedoch Promifrauen verspottet.

Bitte vornehm pressen – diese Ansage gilt in Mexiko. Wenn Frauen beim Gebären ihren Schmerz zeigen, ernten sie statt Mitgefühl Spott. In anderen Kulturen ist es sogar absolut tabu, zu stöhnen und zu schreien. Wie stark die Schmerzen auch sein mögen – leise zu sein ist vielerorts das oberste Gebot.

Rücksichtsvoll, wie Asiaten oft sind, sollen auch ihre Gebärenden sein. In Taiwan geht es tatsächlich darum, nicht zu schreien, um die anderen Dorfbewohner nicht zu stören.

Auch von japanischen Frauen erwartet die Gesellschaft, den Wehenschmerz stoisch zu ertragen und sich vielmehr auf lindernde Atemtechniken zu konzentrieren. Ansonsten würden sich ihre Familien für sie schämen. Wenn sie dennoch schreien, kommt es vor, dass einer der Geburtsbegleiter sie dazu ermahnt, nichts zu sagen und sich mehr darauf zu konzentrieren, zu atmen und ruhig zu bleiben.

Wie die Mutter, so das Kind: Thailänder gehen davon aus, dass der Nachwuchs frech und unerzogen wird, wenn die Mutter es wagt, laut stöhnend zu gebären. Beißt sie jedoch die Zähne zusammen, belohnt sie sich selbst mit einem braven Kind.

In Afrika geht es sogar noch strenger zu als in Asien. Die Efé in Togo befürchten, laute Schreie würden böse Geister anlocken. Leise zu sein ist also Pflicht.

Auch in der Elfenbeinküste entbindet die Frau kontrolliert und ohne ein Tränchen zu verdrücken. Den Bariba-Frauen in Benin wird dies ebenfalls abverlangt. Sie dürfen weder schreien noch jammern. Falls sich eine gebärende Bariba-Frau jedoch wünscht, niemals schwanger geworden zu sein, wird sie für diesen Gedanken mit sofortiger Unfruchtbarkeit bestraft, so der Volksglaube. Häufig entbinden die Stammesbewohnerinnen zu Hause, unauffällig, ohne dass ihre Männer es merken. Wenn sie die ersten Wehen spüren, ziehen sie sich ohne einen Mucks zu machen zurück. Die Ehemänner erfahren im Idealfall erst durch die ersten Schreie der Babys, dass die Geburten stattgefunden haben.

Bei den Diola im Senegal entscheidet die Lautstärke beim Gebären sogar über den sozialen Status der werdenden Mutter. Sie tritt mit der Geburt ihres ersten Kindes in die Gemeinschaft der Dorffrauen ein – aber nur, wenn sie ihr Kind still und leise zur Welt gebracht hat.

Es gibt so viele Möglichkeiten wie Frauen auf der Welt, mit dem Schmerz umzugehen. Wer sich eine PDA legen lässt, dosiert das Schmerzmittel häufig selbst, per Knopfdruck. Frauen, die ohne dieses Wundermittel gebären wollen oder müssen, brauchen andere Strategien, um mit den

Wehen klarzukommen. Malaysische Hebammen helfen den Gebärenden etwa, indem sie heilige Formeln murmeln. Der gewünschte Effekt ist nicht nur die schützende Wirkung, die die Formeln haben sollen – es geht auch darum, die Aufmerksamkeit der Gebärenden auf die Worte zu lenken, damit sie sich nicht ausschließlich den Schmerzen hingeben.

In Afghanistan beschäftigen sich wehende Frauen immer wieder mit einer besonders stinkenden Brühe: Die Geburtshelferinnen flößen ihnen Tee mit Schafsfett ein, der ihnen die Kraft geben soll, die Wehen zu verarbeiten. Einer anderen Art der Ablenkung geben sich Zulu-Frauen hin, sie zählen durch ein Loch im Hüttendach Sterne, um sich nicht allzu sehr auf den Wehenschmerz zu konzentrieren. Diese Methode üben sie bereits während ihrer Schwangerschaft ein. Leider macht dies nur nachts Sinn.

Gen Himmel orientieren sich auch Moslemfrauen: Sie beten bei der Geburt zu Allah, für Schutz und Hilfe. Falls das den Schmerz nicht lindert, beißen gebärende Frauen in Marokko auf ihre Haare und in Ägypten auf ein Stück Stoff, das zwischen den Zähnen liegt. So erträgt es sich besser.

Die Schmerzen werden nicht weniger, die Geburt dauert und dauert? Dann ruft die Hebamme der Cuna-Indianerinnen aus Panama einen Medizinmann herbei. Er soll durch seinen besonderen Gesang die Göttin Muu beeinflussen, die im Mutterleib lebt und das Kind nicht freigibt. Wer das Lied mit den ellenlangen Versen nicht hören will, muss sich gedulden: Es endet erst mit der Geburt.

Beim Stamme der Ga in Afrika gibt es eine andere Methode, die Geburt abzukürzen: Dauert sie zu lange, machen die

Hebammen böse Geister verantwortlich. Sie vertreiben diese, indem sie die werdende Mutter kräftig mit einem Besen verhauen.

Bei den Eskimos hingegen gibt es eine viel simplere Erklärung für eine allzu lange Entbindung: Das Kind ekelt sich vor dem Schmutz im Haus oder vor der Hebamme. Großreinemachen oder Körperpflege sind also angesagt, dann klappt es auch mit dem Nachwuchs.

Gut zu wissen

Hallelujah: Geburtsschmerz in den Religionen

Katie Holmes, die Ex-Frau von Tom Cruise, dürfte die gemeinsame Tochter Suri in aller Stille entbunden haben. Die Mitglieder der Scientology-Bewegung, der sie damals angehörte, sollen beim Gebären keinen Mucks von sich geben. Laute Schreie würden dem Kind nachhaltig schaden. Auch die anderen Anwesenden sollen sich ruhig verhalten, weder unnötige Geräusche oder gar »Anfeuerungsrufe« machen. In seinem Buch *Dianetik* schreibt L. Ron Hubbard, der Gründer der Organisation: »Sorgen Sie dafür, dass bei einer Geburt völlige Stille herrscht, damit die geistige Gesundheit von Mutter und Kind nicht gefährdet wird. Dazu gehört auch der Verzicht auf ›Schschs‹, denn das erzeugt Stotterer.«

Mit der Geburt geht das Schweigen weiter: Während frischgebackene Mütter nach dem Gebären gemeinhin gerne liebevoll mit dem Kind reden, schweigen Scientologinnen sieben weitere Tage lang, da sich ansonsten das Trauma der Geburt mit der Stimme der Mutter verbinde.

Auch buddhistische Frauen versuchen, im Stillen zu gebären – immerhin bezahlen sie mit dem Geburtsschmerz für die Sünden, die sie in einem früheren Leben begangen haben. Eine laute Geburt würde eine wenig fromme Vergangenheit offenbaren. Ein solches Outing halst frau sich nicht auf, wenn es sich vermeiden lässt.

Katholischen Ursprung hat der Volksglaube, der Geburtsschmerz sei der Erbsünde Evas geschuldet, weil sie sich im Paradies hat verführen lassen. Jetzt müssen alle Frauen dafür büßen.

Oh Mann: Die Rolle des Vaters

Geburtsschmerzen sind auch für Männer schwer auszuhalten. Während es früher üblich war, dass sie den Säugling erst durchs Fenster der Kinderstation sehen, ist es den besseren Hälften in der westlichen Gesellschaft heute fast nicht mehr möglich, dem Geburtstreiben fernzubleiben, ohne einen gehörigen Imageschaden davonzutragen. Geburten sind hierzulande Pflichttermine wie die eigene Hochzeit, obwohl sie in vielen Kulturen nach wie vor reine Frauensache sind. Männern, die in Ohnmacht fallen, wenn ihnen ein Blutstropfen aus dem Finger fließt, und für die *Die Schwarzwaldklinik* ein Horrorfilm ist, bleibt bei Geburten nichts anderes übrig, als sich an die Hauptregel für alle Kein-Blut-sehen-Könner zu halten: Immer am Kopf bleiben.

In der thailändischen Bang-Chan-Gegend ist der Vater ebenfalls dabei – wenn auch nicht unbedingt aus dem Grund, der Frau beizustehen. Es geht ihm vielmehr darum, dass seine Hände das Kind als erstes berühren. Eintritt ins Geburtszimmer verschafft er sich durch Gaben wie Blumen, Weihrauch und Kerzen. Spirituell nützlich macht sich der werdende Vater ebenfalls: Er betet, dass die »Geburts-Winde« kommen, die das Kind bringen.

Auch bei den Zulu sind die Männer involviert. Nur mit einem Penisschurz bekleidet servieren sie der gebärenden Frau die passenden Heilkräuter, wenn es zu Komplikationen kommt. Bei den Gabbra in Kenia bewachen sie die Geburtshütte. Wenn die Geburt ins Stocken kommt, legen sie Gürtel und Hosen ab und stehen wohl, ähnlich wie Zulu-Männer, im Adamskostüm da. Gut so, denn wenn alles Einengende locker ist, dürfte der Weg frei sein für eine leichte Geburt.

In Tibet hingegen verkürzt der Vater die Geburt nur, wenn er sich aus dem Staub macht. Seine Anwesenheit im Geburtszimmer verlängere die Wehen, so die Überzeugung, und ist daher unerwünscht. Das Kind sei nämlich zu schüchtern, um sich dem werdenden Papa zu zeigen. Unabhängig davon sind die Tibetaner allerdings überzeugt davon, dass das Kind erst auf die Welt kommt, wenn sein vorbestimmter Schicksalsstern am Himmel leuchtet. Vielleicht sollte sich der Papa, wenn er bei der Geburt dabei sein will, mit dem Stern absprechen. Möglicherweise kommt es dann trotz der väterlichen Anwesenheit zu einer flotten Geburt.

Eine schnelle Geburt erhoffen sich bestimmt auch die männlichen Huichol-Indianer in Mexiko. Während ihre Frauen in den Wehen liegen, ist ein Seil um ihre Hoden gebunden. Die Gebärenden ziehen daran, wenn die Schmerzen gerade auf dem Höhepunkt sind. Überhaupt gilt die Regel »Geteilter Schmerz ist halber Schmerz« in vielen weiteren Kulturen. Beim eigentümlichen Ritual der Couvade oder des sogenannten Männerkindbetts erfährt der werdende Vater am eigenen Leib das Ende der Schwangerschaft sowie die Geburt. Bestimmte Kräuter lassen ihn an wehenähnlichen

Krämpfen leiden, Messerstiche sorgen für echtes Blut – und für Schreie und sonstiges Schauspiel muss der Mann nach seinen Fähigkeiten und Einfühlungsvermögen selbst sorgen. So ist es etwa in Papua Neuguinea Brauch, dass sich Männer eine Hütte bauen, in die sie sich zum Wehenstart der Frauen zurückziehen. Dort versetzen sie sich in die Lage der Gebärenden und empfinden die Schmerzen nach. Auch bei einigen afrikanischen Stämmen, in Teilen Südindiens, in Papua Neuguinea, Südamerika, Sibirien und Malaysia ist die Couvade in dieser oder ähnlicher Weise üblich. Eine gemäßigtere Version legen gebärende Väter auf den Antillen aufs Parkett: Sie legen sich schlicht in ein Bett und imitieren die Geburtsschmerzen bloß, während sie sich pflegen und versorgen lassen. In Südindien übernimmt der Mann nicht die Schmerzen, sondern die Klamotten der Frau: Dort tauscht das Paar während der Geburt die Kleidung, damit der werdende Vater auf diese Weise am Geschehen teilnimmt.

Der Begriff Couvade stammt übrigens aus dem südlichen Frankreich und bedeutet »ausbrüten« (französisch: *couver*). Die Männer praktizieren diese Show etwa, um Mutter und Kind zu schützen, weil sie durch ihr »Leiden« die Aufmerksamkeit böser Geschöpfe auf sich ziehen. Es kann auch darum gehen, dass der Vater durch die Couvade deutlich macht, dass er der Erzeuger des Kindes ist. Auch muss er während seines persönlichen Spektakels nicht zusehen, wie die Partnerin leidet – und er bekommt das Gefühl, selbst etwas zum glücklichen Fortgang der Geburt beizusteuern. Oft endet das Schauspiel der Männer übrigens längst nicht mit der Geburt des Kindes: Es kommt vor, dass sich der frischgebackene Vater im Wochenbett erholt und Glückwünsche, Geschenke und Besuche entgegennimmt (siehe Seite 173 f.).

Und dann gibt es noch eine andere Form der Anteilnahme: Die besseren Hälften zeigen sich oft auch solidarisch, wenn es um die Kilo-Kurve geht. Die Bremer Diplompsychologin Ulrike Hauffe hat in einer Studie 150 werdende Väter untersucht und bei ihnen eine durchschnittliche Gewichtszunahme von vier Kilogramm festgestellt. »Mitschwanger«, lautete die Diagnose. Das liegt bestimmt auch an den veränderten Paar-Aktivitäten: Mit Kind im Bauch sind statt Wandern und Tanzen auch für den werdenden Vater neun Monate lang Sitzen und Essen angesagt. Vielleicht ist es sogar eine Marktlücke, auch für frischgebackene Papas Rückbildungskurse anzubieten.

Ticker-Info

Diagnose: Mitschwanger in der Tierwelt

Dass auch die Herren der Schöpfung unter Schwangerschaftssymptomen leiden, ist gar nicht selten. Auch bei ihnen ändert sich der Hormonhaushalt, wenn ein Baby heranreift. In der Tierwelt haben Forscher das Phänomen ebenfalls entdeckt, bei der Spezies der Weißbüschelaffen. Die Tiermännchen bekommen Babybäuche, wenn sie Vater werden – und zwar noch vor den Mutter-Tieren. Diese Erkenntnis haben Toni Ziegler vom Wisconsin National Primate Research Center und Kollegen in einer Studie veröffentlicht. Der Stoffwechsel der Papa-Tiere scheint sich so zu verändern, dass auch sie gewichtsmäßig zulegen. Ihre Hormone passen sich denen der Weibchen an.

Tschüss, Mama: Abnabeln und Nachgeburt

Nach der Geburt ist vor der Geburt. Wie bitte? Doch, das stimmt schon: Nach der Entbindung des Kindes wird in der Regel die Nabelschnur durchtrennt, danach nehmen die Wehen nochmals Fahrt auf, bis die Nachgeburt mit der Plazenta draußen ist. Erst dann gilt die Geburt als abgeschlossen.

Babys ehemaliger Versorgungskanal: Die Nabelschnur

Sie ist der rund 50 Zentimeter lange und 1,5 Zentimeter breite Versorgungsschlauch des ungeborenen Kindes: Die Nabelschnur beliefert den Fötus mit den notwendigen Nährstoffen und ist für den Abtransport von Abfallstoffen zuständig. Manchmal kommen Babys mit einer um den Hals gewickelten Schnur auf die Welt, was in der Regel ungefährlich ist. Die Bewohner von Söll in Tirol jedoch glauben an ein nachhaltiges Risiko: Sie sehen darin ein schlechtes Omen und fürchten, dass sich der neue Erdenbürger später erhängen könnte.

Ein Schnitt ins Leben: Die Durchtrennung der Nabelschnur

Nach der Geburt klemmen in westlichen Ländern Arzt oder Hebamme die Schnur vom Blutfluss ab, und dann ist es so weit: Der Vater schneidet sie durch und trennt Mutter und Kind auf diese Weise, in der Regel mit einer Schere oder mit dem Messer. Manchmal übernehmen auch die Hebamme oder der Arzt diese Aufgabe.

In Afrika läuft das nachgeburtliche Prozedere ähnlich ab, geschnitten wird jedoch nicht nur mit Messer oder Schere, sondern auch mal mit Schilf oder mit einer Rasierklinge, etwa in Tunesien oder im Senegal.

Asiaten hingegen verzichten darauf, Mutter und Kind mit einem Gegenstand aus Metall zu trennen. Die Vietnamesen glauben etwa, dies würde das Kind taub machen. Hier durchschneiden die Hebammen die Nabelschnüre mit Bambusmessern, Glas oder Scherben chinesischen Porzellans. Bambusmesser sind überhaupt das Mittel der Wahl in vielen Teilen Asiens, um die Nabelschnur zu kappen: Sie bringen dem Kind Glück fürs ganze Leben.

In der peruanischen Andenregion sind Keramikscherben beliebte Werkzeuge, um der Nabelschnur zu Leibe zu rücken. Die Bewohner gehen davon aus, dass eine metallene Abnabelung das Kind faul und schlampig machen würde. Bei den Txikas in Brasilien ist es die Großmutter, die ihren Enkel von der Tochter abnabelt – mit Hilfe eines Bambussplitters. Im selben Land, bei den Surara und Pakidai, sind gleich drei Frauen mit dieser Aufgabe betraut: Zwei von ihnen binden die Schnur jeweils mit einem Faden Baumwolle ab. Die dritte durchbeißt sie mit den Zähnen. (Ein Schelm, wer dabei an folgenden Witz denkt: Wie viele Blondinen braucht es, um eine Glühbirne zu wechseln? 100. Eine hält die Glühbirne fest, die anderen drehen das Haus.)

Ein vielleicht noch ungewöhnlicheres Durchtrennungsutensil verwenden afghanische Geburtshelferinnen: Sie durchtrennen die Nabelschnur mit einem Schuh der Mutter, was dem Kind ein langes, gesundes Leben bescheren soll.

Die Frauen in aller Welt, die ihre Geburt alleine und ohne fremde Hilfe stemmen (siehe Seite 94), sind auch alleine für die Abtrennung der Schnur verantwortlich. Und weil es nichts gibt, was es nicht gibt, wird dieses Vorgehen noch weiter getoppt: Bei Völkern in den Hochebenen Kolumbiens und in Teilen Indonesiens legt gar niemand Hand an der Nabelschnur an. Man spricht in diesen Fällen von einer so genannten Lotusgeburt. Die Schnur bleibt als Verbindung von Plazenta und Neugeborenem bestehen, bis sie nach einigen Tagen von alleine abfällt. Anhänger der Lotusgeburt sind der Ansicht, dass Kind und Plazenta eine Einheit bilden. Würde sie von einem Außenstehenden zerstört, käme es zu Phantomschmerzen, Hilflosigkeit und Einsamkeit. Klinikärzte weigern sich oft, die Lotusgeburt mitzutragen, weil das Risiko einer gravierenden Keimbesiedelung hoch ist. Auch die praktische Durchführung dürfte nicht ohne Probleme verlaufen: Immerhin hängt auf der einen Seite der Nabelschnur das Baby, auf der anderen die wenig kompakte Plazenta, die sich bis zur endgültigen Abtrennung nicht unbedingt in der Wickeltasche verstauen lässt.

Der Nabel der Welt: Wohin mit der Schnur?

Manche preisen es als die Wundermedizin der Zukunft, andere halten es für überbewertet: Das Nabelschnurblut enthält wichtige Stammzellen, die Eltern immer öfter gegen teures Geld konservieren lassen. Sie hoffen, dass Ärzte im Laufe des Lebens des Kindes auftretende schlimme Krankheiten bekämpfen können. Die Nabelschnur als solche jedoch landet in westlichen Kulturen häufig auf dem Müll. In anderen Kulturen ist der Umgang mit dem wichtigen vorgeburtlichen Verbindungs- und Versorgungskabel ein anderer. Teilweise verehren Eltern und Kind es als Glücksbringer, teils stoßen sie es schnellstmöglich und sehr sorgfältig ab, weil sie es für gefährlich halten.

In Japan bleibt das Kind zeitlebens mit der Nabelschnur verbunden – zumindest spirituell. Die Krankenhäuser bieten im Land des Lächelns einen besonderen Service an: Mit den Entlassungspapieren bekommen die frisch gebackenen Mütter ein Geschenkkästchen überreicht, in dem die konservierte Nabelschnur zu finden ist. Dieses besondere Präsent gilt es zu hüten wie ein rohes Ei, denn die Gesundheit des Kindes steht in direktem Zusammenhang mit dem Zustand der Schnur. An bestimmten Festtagen wie ihrem Geburtstag dürfen japanische Kinder in der Regel einen Blick auf ihren früheren Nahrungslieferanten werfen. Behalten dürfen sie ihn meist erst, wenn sie von zu Hause ausziehen oder wenn sie heiraten. Manchmal fehlt dann jedoch ein Stück davon: Wenn die Kinder krank sind, schneiden ihre Eltern einen Teil der Nabelschnur ab. Als Medizin verabreicht soll sie heilen.

Eine ähnliche Funktion hat sie im Norden Vietnams, auch dort landet das ehemalige Verbindungskabel im Medizinschrank. Von dort holen es die Eltern, wenn ihr Säugling Koliken hat. Sie schneiden kleine Stücke davon ab und mischen diese in einen Heil-Tee, der die Bauchschmerzen bekämpft.

Ganz allgemein als Glücksbringer dient die Schnur etwa in Indien oder Mexiko. Dort packen die Eltern diese in einen Beutel und lassen ihn an einer Schnur am Hals des Kindes baumeln. Auch in der arabischen Welt gibt es den beliebten Brauch, dass Kinder bis ins Teenager-Alter die Nabelschnur in einem kleinen Schmuckgefäß als Amulett um den Hals tragen. Vorsicht walten lassen bei diesem Ritual die Inder: Sie gehen davon aus, dass die Nabelschnur ein Gift enthält, das wirklich nur das Neugeborene schützt. Anderen, die sie berühren, schadet sie jedoch. Bei den Aborigines fungiert die Nabelschnur als Kette: Die Neugeborenen bekommen sie sogleich zu einem Band gedreht um den Hals gelegt, als Symbol für die Verbindung zu den Ahnen.

Auch in der Türkei soll die Nabelschnur dem Neugeborenen Glück bringen. Seine Eltern vergraben sie an einem Ort, der von großer Bedeutung für das positive Schicksal ihres Kindes ist. Er soll die Richtung im Leben des Kindes weisen. Wenn sie die Schnur beispielsweise im Garten einer Moschee pflanzen, dürfen sie nach türkischem Glauben mit einem frommen Kind rechnen. Landet sie dagegen im Grundstück eines Pferdehofs, entwickelt sich der Nachwuchs zu einem Tierliebhaber. Vergraben die Eltern die Nabelschnur indes im Garten einer Schule, sorgen sie dafür, dass ihr Kind später studiert. Jede Wette: Die Fläche um die elitäre Boğaziçi Üniversitesi herum ist der reinste Nabelschnur-Friedhof! Manchmal jedoch bleibt die Schnur auch gut versteckt im Elternhaus. In diesem Fall hoffen die Erzeuger, dass ihnen das Kind zeitlebens intensiv verbunden bleibt, selbst wenn es flügge ist und heiratet.

Ähnlich ergeht es den Mädchen der mexikanischen Tzotzil-Indianer: Ihre Nabelschnur landet in der Erde, in unmittelbarer Nähe des mütterlichen Herds. So soll sichergestellt sein, dass sie fleißig im Haushalt helfen. Die Schnüre der neugeborenen Jungs hingegen schmücken hoch hängende Äste als Symbol dafür, dass sie später mutige Kletterer werden.

In vielen afrikanischen Kulturen hingegen landen die Nabelschnüre gemeinsam mit kleinen Pflänzchen in der Erde, gerne mit einer Avocado oder einer Kokospalme. Dass die Eltern beim Gärtnern einen grünen Daumen haben, bleibt zu hoffen, denn der Gesundheitszustand des Kindes hängt von dem des Baumes ab.

Die in der Elfenbeinküste und in Ghana beheimateten Akan pflanzen hingegen eine Kokosnuss, in die sie die Nabelschnur gelegt haben. Der daraus entstehende Baum trägt dem Volksglauben zufolge den sogenannten seelischen Doppelgänger des Kindes in sich. Zeitlebens sind dieser und das Kind miteinander verbunden. Achtung: Wenn ein Tier die Nabelschnur erbeutet und frisst, bevor sie vergraben wird, wird das Tier zum Träger des Seelenverwandten. Die gute Nachricht: Der Träger des seelischen Doppelgängers hat »Schutzwesencharakter«. Hat etwa ein Leopard die Nabelschnur erbeutet, schützt er fortan den Besitz seines menschlichen Zwillings.

Die Kayapo in Ecuador wiederum entledigen sich der Nabelschnur, so schnell es geht und so gründlich wie möglich. Innerhalb von zwei Stunden nach der Geburt bringt die Hebamme die ehemalige Mutter-Kind-Verbindung unter die Erde. Schafft sie es nicht, würde die Schnur von einem bösen Geist geholt und in eine menschentötende Bestie verwandelt. Wenn die frischgebackene Mutter an Blutungen stirbt, liegt das den Kayapo zufolge daran, dass die Schnur nicht gut genug vergraben war.

Auch auf Sardinien muss die Schnur schleunigst weg. Wenn sie nach circa sieben Tagen komplett abfällt, wickeln die Eltern sie in eine Windel und verbrennen das Paket. So stellen sie sicher, dass sie einen ehrlichen Menschen großziehen.

Gut zu wissen

Baby mit Hut: Geboren mit Glückshaube

Glück steht bevor, wenn der Säugling mit der Fruchtblase über dem Kopf zur Welt kommt oder wenn ihm zumindest ein paar Eihäute im Gesicht kleben. Davon sind viele Deutsche und auch andere Angehörige anderer Nationalitäten überzeugt. Man spricht daher von einer Geburt mit »Glückshaube«. Die Haut ist ungefährlich, Arzt oder Hebamme ziehen sie einfach ab. Früher hieß dieser ungewöhnliche Kopfschmuck in Deutschland auch »Westerhemd«, was ein Synonym für »Taufkleid« war. Weitere alte Begriffe sind: »Glückskäppele«, »Wehmutterhäublein«, »Kindsnetzlein«, »Kapuze«.

International finden sich kriegerische Namen für die Geburt mit der Haube. Die Holländer sagen beispielsweise *»met de helm geboren zijn«* dazu. Bei den Maya hingegen steht der ungewöhnliche Kopfschmuck nicht für Glück, sondern für eine bestimmte Berufung: Ein Stück Fruchtblase im Gesicht bedeutet bei ihnen unter Umständen, dass das neugeborene Mädchen später als Hebamme arbeiten soll (siehe Seite 78 f.).

Nach der Geburt: Die Nachgeburt

Sie klingt appetitlich, ist aber blutig, schmierig, wabblig und bei der Geburt ein halbes Kilo schwer, zwei bis vier Zentimeter dick und hat einen Durchmesser von bis zu 20 Zentimetern: Die scheibenförmige Plazenta heißt auf gut Deutsch schlicht Kuchen und versorgt das Kind im Mutterleib mit Nährstoffen. Ein Kuchen eben. Nach der Geburt muss sie schleunigst raus aus dem Mutterleib, idealerweise löst sie sich innerhalb einer halben Stunde nach der Geburt von der Gebärmutterwand. Die Nachwehen stoßen sie schließlich aus dem Körper. Wenn jedoch auch nur ein Krümel des Mutterkuchens im Mutterleib bleibt, besteht die Gefahr, dass die frisch Entbundene verblutet. Daher sind Lösungen gefragt, damit die Plazenta Platz macht im Mutterleib.

Mach Platz, Plazenta: Die Loslösung

Manchmal flutscht die inzwischen meist verkalkte Plazenta nach der eigentlichen Geburt von selbst aus dem Körper der frisch Entbundenen, manchmal muss diese nochmals pressen, um den Mutterkuchen loszuwerden. Oft bekommt sie dabei Schützenhilfe von ein paar weiteren Wehen. Verweigert die Plazenta, sich auf den Weg zu machen, drücken Arzt oder Hebamme auf die Bauchdecke, um die Ablösung anzustoßen. Auch Wehenmittel helfen. Wenn eine frisch Entbundene in Afrika zudem in eine Flasche oder eine Kalebasse, einen ausgehöhlten Kürbis, pustet, soll dies ebenfalls die Nachgeburt hinausbefördern. Denselben Effekt versprechen sich afrikanische Hebammen, wenn sie der Mutter Pfeffer unter die Nase halten, um sie zum Niesen zu bringen.

In Afghanistan ist es dagegen üblich, zur Plazenta-Ablösung Schnupftabak zu konsumieren, Zigarren zu rauchen oder ebenfalls in Gefäße wie Teekrüge zu pusten. Verliert die Frau viel Blut, muss schneller gehandelt werden. Dann bekommt sie einen Schwall Wasser ins Gesicht geschüttet. Wenn es noch schneller gehen muss, feuern ihre Geburtshelfer mit einer Kalaschnikow in die Luft. Die darauffolgende Schockreaktion der Mutter treibt die Plazenta in der Regel in null Komma nichts aus dem Leib. Das schreibt die Schweizer Hebamme Martina Gisin in einem Bericht über ihre Einsätze in Afghanistan. Wenn jedoch das schwere Geschütz nichts hilft, packen mehrere Frauen die junge Mutter und schütteln sie durch, bis die Plazenta endlich nach draußen purzelt.

Ticker-Info

Afrika: Plazentarituale verhindern Klinikgeburten

In Europa landet die Plazenta häufig auf dem Müll – ein Vorgehen, das mit den Traditionen vieler afrikanischer Urvölker nicht zusammenkommen würde. Dennoch gibt es auch in Afrika westlich orientierte Kliniken, die die Riten vieler Stämme nicht respektieren und die Nachgeburt schlicht entsorgen. Für viele Afrikanerinnen, etwa aus Togo oder Mali, ist das der Grund, eine Geburt zu Hause der in einem Kreißsaal vorzuziehen, selbst wenn sie dabei Komplikationen befürchten. Die Überzeugung, dass es Unglück bringe, wenn sie die Plazenta nicht rituell bestatten, überwiegt andere Ängste. Es ist Aufgabe der Gesundheitspolitik der Länder, zwischen westlich beeinflussten Kliniken und dem traditionellen Glauben zu vermitteln.

Bestattung, Verkostung, Kosmetik: Was der Plazenta blüht

Was ein Mann im Leben erreichen soll? Ein Haus bauen, einen Sohn zeugen und einen Baum pflanzen! Idealerweise wächst dieser Baum freilich auf der Plazenta des Sohnes, im Garten des Eigenheims. Wenn ein Vater in Deutschland die Plazenta seines Jungen vergräbt, pflanzt er darauf traditionell einen Birnbaum. Auch Johann Wolfgang von Goethe hatte einen solchen zur Geburt bekommen, eingesetzt von seinem Großvater. In der Schweiz gehört ein Nussbaum auf den

Mutterkuchen eines Buben. Handelt es sich um die Plazenta eines Mädchens, blüht in Deutschland sowie der Schweiz ein Apfelbaum darauf. Frischgebackene Väter praktizieren diesen Brauch seit dem Rückgang der Hausgeburten in Europa jedoch nur mehr selten. So manche Plazenta soll auch ihr Dasein in einer Gefriertruhe fristen, weil die Eltern ständig verschieben, sie zu pflanzen.

In Indonesien und den Andenvölkern landen Mutterkuchen häufig in Tontöpfen, die in der Nähe der Wohnhäuser unter die Erde kommen. Dasselbe Ritual gestalten die Mafa in Nordkamerun, wo die Plazenta »kleine Schwester« genannt wird. Die dortigen Hebammen packen sie gemeinsam mit der Nabelschnur in einen Tontopf und vergraben diesen im heimischen Garten, neben den Töpfen der Geschwisterkinder. Meist findet dieser Brauch anlässlich der Namensgebungszeremonie statt. Wenn der Nabelschnurrest erst ein paar Tage später abfällt, drückt die Hebamme diesen durch ein Loch in den Topf, ebenso die Reste des Festessens.

Auch in anderen Kulturen gilt die Plazenta als Familienmitglied, oder, wie in Nepal, als »Freund des Kindes«. Auf Bali ist sie einer von vier Verwandten, die zeitgleich mit dem Baby auf die Welt kommen: Nabelschnur, Plazenta, Blut und Fruchtwasser werden als die »vier mythischen Geschwister« gleich nach der Geburt vergraben. Ihre Aufgabe während der Schwangerschaft bestand darin, das Kind im Mutterleib zu beschützen. Auch das weitere Leben hindurch fungieren sie als Bodyguards und stehen ihm mit spirituellen Kräften zur Seite.

Ihre Schutzfunktion erfüllen die mythischen Geschwister jedoch nur, wenn ihnen bestimmte Opfer gebracht werden, andernfalls verwandeln sie sich möglicherweise in Dämonen und schaden dem Kind. In bestimmten Geburtstags- und Hochzeitsritualen ruft die Familie sie immer wieder an.

Ein verwandtschaftliches Verhältnis zur Plazenta pflegen auch die Malaien. Hier gilt sie als jüngerer Bruder, da er als zweites, nach dem Baby, das Licht der Welt erblickt hat. Leider ist sie jedoch das schwarze Schaf der Familie: Sie macht das Baby übellaunig, vielleicht sogar krank. Der Vater legt die Plazenta daher nebst speziellen Beigaben in einen Korb und vergräbt sie. Wenn das Baby später einmal unerwartet lächelt, gehen die Malaien davon aus, dass es mit diesem ungeliebten Bruder spielt.

In Kambodscha werden Baby und Plazenta im Gegensatz zu den meisten anderen Kulturen nicht sofort getrennt. Gewaschen und in ein Bananenblatt gewickelt liegt die Nachgeburt drei Tage lang in der Nähe des Neugeborenen, bevor der Vater sie unweit des Hauses vergräbt. Auch in Afghanistan bleibt die Plazenta zunächst drei Tage im Haus, in der Nähe der Haustür. Von hier vertreibt sie böse Geister, die dem Neugeborenen schaden könnten. Wenn es gut läuft, bleiben sogar Tante Lieselotte und andere Gestalten fern, die den Gestank nicht ertragen können. Nach der Dreitagesfrist landet die Plazenta häufig im Fluss, was für Kinderreichtum und Glück sorgen soll.

Auch die Bajas, ein Seenomadenvolk auf den Meeren Malaysias und Indonesiens, versenken die Plazenta im Wasser. Sie begraben sie auf dem Meeresgrund, so weit unten wie möglich. So tief die Plazenta liegt, so tief kann das Kind später tauchen.

Hoch hinaus geht es dagegen im Jemen. Dort lassen die Eltern die Plazenta für die Vögel auf dem Dach liegen, auf dass die Liebe zwischen ihnen, Mutter und Vater, wachse. Der Liebe zwischen den Eltern zuträglich ist auch, wenn sie attraktiv füreinander bleiben. Auch hier hilft die Plazenta weiter: Sie gilt in Hollywood schon längst als das neue Botox und verspricht ewige Jugend, als Creme im Gesicht. Anders als früher verwenden die Damen von Welt jedoch keine menschliche Plazenta mehr in ihren Tübchen, aus Angst vor HIV und anderen Infektionen. Heutzutage schwören sie auf Plazenta, die bei der Geburt von Schafen ans Tageslicht kommt. Ladys wie Victoria Beckham und Jennifer Lopez verwenden derartige Pflegemittel, und letztere hat bekanntlich zusätzlich zum Babypopo eine Gesichtshaut wie ein frischer Pfirsich. Wird die Salbe aufgenommen, beginnen die eigenen Kollagene die Babykollagene nachzuahmen – so erklärt sich die Wirkung.

Nicht nur ins Gesicht schmieren, sogar essen wollte Schauspieler Tom Cruise die Plazenta seiner Tochter Suri. Das hatte er lautstark vor der Geburt verkündet. Nach der Geburt aber hat er seine Aussage als »lächerlich« zurückgenommen. So absurd jedoch ist seine Ankündigung gar nicht: Im Internet gibt es Foren, in denen Mütter Kochrezepte für Plazenta-Lasagne oder Plazenta-Brokkoli-Auflauf austauschen. Soll gegen Wochenbettdepression helfen.

Wem das zu sehr nach Dschungelprüfung schmeckt, der kann die Plazenta auch zu Globuli verarbeiten lassen. Einer der Anbieter aus dem Internet verspricht, die Plazenta bei der Herstellung nicht nur zu reinigen, sondern auch energetisch aufzuwerten. Das Kind kann seinen ehemaligen

»Seelenbruder« – in potenzierter Form – dann immer dabei haben. Plazenta-Globuli helfen bei schwächelndem Immunsystem, so die homöopathische Überzeugung, aber auch bei Migräne oder Neurodermitis. Sogar bei einer erneuten Schwangerschaft der Mutter wird die Einnahme empfohlen – aber so weit sind wir hier an dieser Stelle noch lange nicht. Jetzt lernen wir erst mal unser Neugeborenes kennen.

Die Welt grüßt das Wunder

Willkommen, Baby!

Zart, nass und verklebt liegt das Neugeborene auf dem Bauch der Mutter. Die Momente nach der Geburt sind vielleicht das Magischste und Wunderbarste, was Mütter und Väter im Leben erfahren. In dieser Zeit – Eltern verbringen in Deutschland in der Regel nach der Geburt noch zwei Stunden im Kreißsaal – wird das Unbegreifliche deutlich: Das Baby, ihr langersehntes Kind, ist auf die Welt gekommen. Auch wenn sich Mütter in dieser Situation oft nichts mehr als Ruhe herbeisehnen, ihr Baby streicheln, stillen, kennenlernen wollen, gibt es einiges zu erledigen. Neben ersten medizinischen Untersuchungen stehen je nach kulturellem Hintergrund erste Rituale an, um das Kind willkommen zu heißen.

Zwischen Gott und der Welt: Die ersten Stunden

Dem islamischen Glaube zufolge sind alle Neugeborenen im Zustand der Fitra geboren, was bedeutet: Jeder Mensch ist von Natur aus Moslem, und das so lange, bis ihn das Umfeld von diesem (rechten) Weg abbringt. Sind die Eltern beispielsweise Katholiken, sorgen sie über kurz oder lang dafür, dass das Kind vom bisherigen instinktiven Glauben abkommt und den ihren annimmt. Hat es hingegen muslimische Eltern, dürfte das Erste, was das Neugeborene hört, Adhan sein, der islamische Gebetsruf. Traditionell flüstert der frischgebackene Vater diesen ins rechte Ohr des Babys. Das linke Ohr bekommt in der Regel den Iqāma zu hören, was im islamischen Gottesdienst der zweite Gebetsruf nach dem Adhan ist. Das Gesicht wendet der Vater bei diesem Ritual in Richtung Mekka. Die Gebetsrufe schützen das Kind vor schlechten Einflüssen. Erst danach stillt die Mutter den Säugling.

Nicht nur zu hören, auch zu schmecken bekommen muslimische Neugeborene die Traditionen ihrer Eltern. In der Regel sind es die Väter, die die Lippen des Babys in der Tahnik-Zeremonie mit Honig, süßem Saft oder gepressten Datteln benetzen. Oft stecken sie auch eine gut zerkaute Dattel in den Mund des Kindes. Dieses Ritual geht auf die Zeit Mohammeds zurück. Damals brachten Eltern ihr neugeborenes Baby zum Propheten, der ihm eine Dattel in den Mund legte. Das Ganze hat einen tieferen Sinn: Moslems gehen davon aus, dass sich Schmerzempfindlichkeit und Herzfrequenz durch Süßes reduzieren. Eingriffe wie eine Blutabnahme oder die Beschneidung sind dann besser zu verkraften.

Auch Indiens Neugeborene dürfen Süßes schmecken. Gleich nach der Geburt heißen frischgebackene Hindu-Eltern ihren Spross mit der sogenannten Jatakarma-Zeremonie willkommen. Der Vater schreibt mit Honig und Ghee, einer Art Butterschmalz, das Wort *aum* oder *om* auf die Zunge des Babys. Diese Silben gelten als heilig. Als positiven Nebeneffekt schützt Ghee das Kind vor Erkältungen. Anschließend bekommt das Baby den Namen Gottes zu hören, der Vater flüstert ihm diesen ins rechte Ohr. Dieses Ritual schärfe die Sinne und beschere dem Kind ein langes Leben. Um die Zeremonie abzuschließen, berührt der Vater eine Schulter seines Kindes und gibt bestimmte Mantras zum Besten. Während er singt und singt, beginnt die Mutter, das Kind zu stillen.

Gut zu wissen

Achtung: Honig gefährdet die Gesundheit von Säuglingen

Das hinduistische Geburtsritual, Neugeborenen Honig in den Mund zu schmieren, stellt ein gesundheitliches Risiko für Babys dar. Zwar gilt Honig grundsätzlich als gesundes und wertvolles Naturprodukt, er enthält aber häufig das Bakterium Clostridium botulinum. Das macht in der Regel nichts – die Darmflora von älteren Kindern und Erwachsenen tötet dieses sogleich ab. Babys Darm jedoch ist noch unreif, weshalb sich das Bakterium darin vermehren und ein Nervengift herstellen kann. Dieses wiederum lähmt potenziell Darm, Lunge und weitere Organe. Wissenschaftler schließen nicht aus, dass dieses Gift für verschiedene Fälle von plötzlichem Kindstod verantwortlich ist. Für Babys, die noch kein Jahr alt sind, sollte Honig daher tabu sein.

Bei den Aborigines geht es weniger süßlich zu: Hier hält die Hebamme, zumeist die Großmutter des Kindes, nach der Geburt unter freiem Himmel das Neugeborene kopfüber in den Rauch eines offenen Feuers und reibt es anschließend mit Asche ein. Dies wirkt desinfizierend. Außerdem dunkelt Babys Haut durch den Rauch nach. Das ist so gewünscht: Für die Aborigines symbolisiert blasse Haut Ungeborenes, Unlebendiges. Dunkle Haut hingegen sieht aus wie die Erde und symbolisiert alles, was kreucht und fleucht.

Auch die Russen sind wenig zimperlich, was einen ihrer ersten Bräuche betrifft: Sie befreien Nase und Mund des Neugeborenen von Schleim, bevor es auf den Bauch der Mutter darf.

Gut zu wissen

Verkündung: Hurra, ein Junge!

Auweia, denken sich Eltern in manchen Kulturkreisen, wenn da ein Mädchen statt des erhofften Jungen das Licht der Welt erblickt. Und solch ein Gedanke ist noch harmlos, verglichen mit dem Schicksal, das manchen Mädchen in patriarchalischen Gesellschaften droht: Bei den Paschtunen in Afghanistan etwa, bei denen alles, was nicht männlich ist, weniger gilt als Vieh, werden weibliche Babys massenhaft abgetrieben oder nach der Geburt erdrosselt. Entscheiden sich Eltern dafür, das Mädchen doch zu bekommen, erhalten sie bei der Geburt Beileidsbekundungen, während die Geburt eines Jungen den Grund für ein fulminantes Fest liefert. Ähnliches geschieht im Maghreb: Männer ballern euphorisch mit Gewehren in die Luft und Frauen schreien schrill und laut das Glück hinaus, wenn ein Stammhalter zur Welt kommt. Beim Mädchen? Passiert nichts, Stille.

In Eritrea gibt es zumindest drei Freudenschreie, wenn es ein Mädchen ist. Nach der Geburt eines Jungen allerdings sind sieben »Zungenschläge-Schreie« zu hören.

Bei den Inuit geht die Hebamme auf Nummer sicher, wenn ein Junge geboren wurde. Sie zieht an seinem Penis, damit dieser nicht wieder im Körper des Babys verschwindet.

Nachgefragt bei Rupert Rothenaicher, 86, ehemaliger Landwirt aus Wurmannsquick in Niederbayern, nach der Geburt seines zweiten Urenkels Valentin

Was bedeutet es für Sie, Urenkel bekommen zu haben?

» Sehr viel, weil unser Geschlecht weiterleben soll. Dass man Kinder hat und sieht, wie sie heranwachsen, ist das Allerwichtigste im Leben. Ich wünsche meinen Urenkeln, dass sie in einer politisch friedlichen Zeit aufwachsen. Und dass sie einen guten Beruf erlernen können. Früher haben Bauern Kinder gekriegt, damit sie es selber schöner haben. Die Kinder mussten schon sehr früh ihre Arbeit übernehmen. Ich musste schon mit 13 zentnerschwere Säcke schleppen.«

Nicht Fisch, nicht Fleisch: Das Neugeborene zwischen zwei Welten

Bei manchen Völkern dauert es eine Weile, bis das Neugeborene als Menschenkind akzeptiert ist. Es steht zunächst noch mit einem Bein in einer Geisterwelt, davon sind viele Menschen überzeugt. Die südostasiatischen Hmong etwa glauben, dass eine »Gottheit der Kinder« die Neugeborenen von einer spirituellen Welt auf die Erde schickt. Bis zum dritten Lebenstag gehören sie noch in deren Reich. Sterben die Babys in diesem Stadium, bekommen sie keine Begräbnisfeier. Nach Ablauf der Dreitagesfrist ändert sich endlich ihr Status. Die Väter der Neugeborenen bitten nun beim Ältestenrat des Stammes um eine Zeremonie, die den Übergang von der Geister- in die Menschenwelt einleiten soll. Nach der Aufforderung an die »Gottheit der Kinder«, die Seelen freizugeben, und nach einem Hühneropfer nimmt die Gesellschaft die Kinder als die ihren auf. Die Seelen sind nun in ihrem Körper angelangt, die neuen Familien sind komplett. Die Kinder erhalten einen Namen und werden den Schutzgeistern der Elternhäuser vorgestellt, damit jene fortan auch für die neuen Bewohner sorgen.

Auch in Ghana hat das Neugeborene zunächst Besucherstatus, sieben Tage lang. Die Rolle als Gast aus der Geisterwelt legt das Baby erst mit einem Übergangsritual ab, das die Ghanaer *outdooring* nennen. Der Begriff kommt daher, dass das Kind beim Ritual erstmals nach draußen darf. Es erhält dabei seinen Namen und wird so zum Menschenkind. Sind Eltern unsicher, ob ein kränkelndes Kind überlebt, zögern sie die Zeremonie so lange hinaus, bis es über den Berg ist.

Bei den hinduistischen Tengger aus Java dauert es noch länger, bis die Babys im Hier und Jetzt angekommen sind. Sie glauben, dass diese bei der Geburt 44 spirituelle Begleiter dabei haben. Jeden Tag lässt die Kraft eines der Wesen nach, was dazu führt, dass die Kinder mehr und mehr zu Menschen werden. Erst im Morgengrauen des 45. Tages sind die Geister zurück in ihrer Welt und die Kinder vollständig auf Java zu Hause.

Das geht bei den westafrikanischen Dagara schneller. Wenn das Neugeborene nach der Geburt zum ersten Mal schreit, erwidern alle bis zu fünf Jahre alten Kinder des Stammes den Schrei. Die Seele des Säuglings, die schon vor der Empfängnis in einer spirituellen Welt gelebt hat, weiß (und hört) jetzt: Ich bin an meinem Bestimmungsort angekommen.

Den ersten Schrei Neugeborener interpretiert der Stamm der Osage-Indianer dagegen als Gebet an Sonne und Mondfrau. Das Gebet haben die Babys gelernt, als sie noch als Sterne am Himmel strahlten. Bis sie zu vollwertigen Mitgliedern der Gemeinschaft werden, müssen sie sich außerhalb des Mutterleibes weiterentwickeln.

Bei den Yoruba in Nigeria bleiben manche Säuglinge Geisterkinder, bis sie unvermeidlich früh sterben. Es handelt sich dabei um sogenannte Abiku aus der Welt des Unsichtbaren. Die Bewohner von dort wollen sich mit der materiellen Welt verschwägern. Damit dies gelingt, schieben sie den Yoruba-Frauen ihre Kinder unter. Kein Wunder, dass eine solche Konstellation selten gut geht. Obwohl die Geisterkinder nämlich wie Säuglinge und Kleinkinder aussehen und sich zunächst auch wie ihre Spielgefährten aus Fleisch und Blut verhalten, fallen sie früher oder später dadurch auf, dass sie Kontakt mit unsichtbaren Wesen aus der Geisterwelt aufnehmen. Sie wollen zurück. Wenn Kinder bei den Yoruba vor dem 12. Geburtstag sterben, geht das Völkchen folglich davon aus, dass sie Abiku waren. Oft gibt es ein Wiedersehen: Abiku-Kinder werden nach ihrem Tod durch dieselbe Mutter wiedergeboren, und zwar so oft, bis sie bereit sind, in der materiellen Welt zu bleiben. Dann werden sie zu Menschen wie Du und ich und verlieren ihre Zauberkräfte.

Viele Menschen in Afrika glauben dagegen, dass Kinder in die Welt der Unsichtbaren zurückwollen, wenn sie sich nicht genügend geliebt fühlen. Die Mütter sind daher übervorsichtig. Weinen Kinder, besänftigen sie sie sofort, damit sie ja bei ihnen bleiben.

Überleben Kinder die ersten sechs Tage, gehen die meisten ostindischen Eltern davon aus, dass der Nachwuchs über den Berg ist. Sie huldigen deshalb der Muttergottheit Shashthi, die bei den Geburten geholfen hat und die Neugeborenen vor bösen Mächten und Krankheiten schützt. In Bangladesch platzieren sie in einem Ritual Geschenke für die Gottheit: einen Wasserkrug, Reis, Bananen, Süßes, Armreifen, Gold, Silber. Die Mütter legen Papier und Stift dazu, im Glauben, die Göttin werde nachts mit unsichtbarer Tinte Glückwünsche für das Kind hinterlassen.

Heilende Hülle: Babys erste (Schutz-)Bekleidung

Die Nackedei-Zeit ist vorbei: Wenn das Neugeborene auf der Welt ist, stecken es die Eltern in Kleidung, sie schminken und dekorieren es. Zum einen braucht das Kind die Wärme, um die Körpertemperatur zu halten. Zum anderen bringen spezielle Klamotten, Accessoires und Farben Glück und Segen und befriedigen ferner die modebewusste Mutter.

Um die Haut: Die ersten Klamotten

Kaum sind deutsche Mädchen auf der Welt, tragen sie rosafarbene Strampler, um in rosafarbenen Schlafsäcken auf rosafarbenen Nicki-Laken zu schlafen, neben einem rosafarbenen Schnuffeltuch, einen rosafarbenen Schnuller im Mund. Bei Jungs passiert dasselbe in Hellblau.

In anderen Ländern treten zunächst andere Farben in den Vordergrund. In der Türkei trägt der Säugling am Tag nach der Geburt gelbe Kleidung, oder er bekommt zumindest eine gelbe Decke umgelegt oder ein gelbes Band an die Wiege gehängt. Dies sei die beste Medizin gegen Gelbsucht, so der Volksglaube. In Brasilien gilt Gelb indes als Glücksfarbe, und so verlassen Babys in Rio de Janeiro, São Paulo und Salvador in gelben Stramplern das Krankenhaus. In Spanien und Italien dagegen tragen Neugeborene Hemden in der dortigen Glücksfarbe Rot.

Bunt treiben es dagegen die Asiaten. Die Klamotten der Neugeborenen zeigen häufig alle Farben des Regenbogens: Die Babys stecken in den Trachten des Volkes, aus dem sie stammen, die im Miniaturformat für sie angefertigt wurden. Dies verwirrt die Geister, weil die Kinder nun erwachsener aussehen als sie sind, und hält sie fern.

Die Tschutschuken tricksen die Geister auf andere Weise aus: Sie fertigen Mützen für die Neugeborenen, an die sie die Ohren von Rentieren nähen. Die Kopfbedeckung schützt nicht nur gegen Kälte, sondern auch vor Bösem, weil die Geister die Kinder mit dem uninteressanten Vieh verwechseln.

Nichts Neues bekommen dagegen Babys in vielen Gegenden Nordafrikas. Sie tragen zunächst Altes von Geschwistern oder Eltern auf. Erst wenn sie einen Namen bekommen, erhalten sie auch eigene Kleidung, die häufig erst mal weiß ist.

In China kriegen Neugeborene Recyceltes angezogen. Eltern erbitten von reichen Familien einige Stücke Stoff, um daraus ein Patchwork-Kleidungsstück zu nähen. In Zentralafrika hat Second-Hand-Kleidung eine andere Funktion: Dort geben Eltern in den Tagen nach der Geburt einem Heiler einige Kleidungsstücke von sich selbst. Dieser stellt daraus eine Schnur her, die er dem Kind als Schutz ums Handgelenk bindet.

Ein ähnlicher Brauch kommt aus dem Jemen: Auch dort schlingen Eltern ihren Babys enge Bänder um den Arm. Sie binden diese damit ans irdene Dasein. Damit chinesische Säuglinge nicht mehr fortgehen, hinterlassen Eltern stattdessen nur einen der Babyschuhe in der Nähe des Bettchens. Wären zwei Schuhe im Zimmer, könnten sich die Babys während der Nacht davonstehlen, so die Befürchtung.

Historisch

Genetische Farbenliebe? Der Hellblau-Rosa-Irrtum

Lillifee ist die Herrscherin über Mädchenzimmer – auch sie sorgt dafür, dass kleine Prinzessinnen von Rosa umgeben sein wollen, so viel es geht. Ist das genetisch bedingt? Nein! Forscherinnen der Universität von Virginia haben festgestellt, dass Mädchen ihre Vorliebe für Pink erst ab dem Alter von zwei Jahren entwickeln – dann, wenn sie ein Gespür für die Unterschiede der Geschlechter entwickeln. Vorher haben sie keinerlei Präferenz für die Farbe, während Jungs keine Abneigung dagegen haben. Dann aber greifen Mädchen verstärkt nach rosafarbenen Objekten, während Jungs diese ablehnen. Diese Vorliebe beziehungsweise Abneigung verstärkt sich in den kommenden Vorschuljahren.

Dass es vermutlich kein Rosa-Gen gibt, sondern dass die heutige Gesellschaft Mädchen auf diese Farbe prägt, zeigt auch die Geschichte: Denn bis zu Beginn des letzten Jahrhunderts war Rosa eine Jungs- und Blau eine Mädchenfarbe. Ersteres lag daran, dass Rot mit Kampf und Leidenschaft gleichgesetzt wurde und somit mit »Männlichem«. Rosa war das »kleine Rot« und daher für Jungs vorgesehen. Blau wiederum galt als Farbe der Jungfrau Maria. »Hellblau«, das »kleine Blau«, war demnach Mädchensache.

**Nachgefragt bei Dr. Michael Kavšek,
Entwicklungspsychologe an der Universität Bonn**

In Brasilien tragen Neugeborene häufig gelbe Strampler, in Deutschland rosafarbene oder hellblaue, in Spanien und Italien rote. Wer trifft den Geschmack der Babys am besten?

» Wenn Neugeborene könnten, würden sie sich mit sattem Rot umgeben. Neben Hell-Dunkel-Kontrasten und den Konturen des Gesichts der Mutter ist diese Farbe das, was sie in ihren ersten Spähblicken am besten sehen. Wer seinem Baby eine Freude machen will, hängt über dem Bettchen ein einfaches Mobile mit gut voneinander abgegrenzten, reinen Farben auf, am besten eins, das auch rote Komponenten enthält. Die Tatsache, dass Babys Rot besser als andere Farben erkennen, hat nichts damit zu tun, dass die Farbe so schön ist oder an die Umgebung im Mutterleib erinnert: Es hat rein körperliche Gründe. Die Zapfen im Auge, die für das Sehen von grüner und blauer Farbe zuständig sind, liegen im Gegensatz zu den Rot sehenden Zapfen in der Entwicklung zurück. Bis sie vollends funktionieren, nehmen Babys die Farben Grün und Blau als Grau in Grau wahr; ebenso trist erscheinen Pastell- und Mischfarben. Es dauert jedoch nicht lange, bis die Welt auch für Babys bunt ist: Im Alter von zwei Monaten sehen sie bereits Rot, Orange, Grün, Blau und Lila. Nach drei bis vier Monaten schließlich sind alle Zapfen im kindlichen Auge einsatzbereit – jetzt bestaunen Säuglinge dieselben Farben wie Erwachsene, sogar gemischte wie Rosa und Braun.«

Auf der Haut: Baby-Bodypainting

Die Neugeborenen der Himba, eines Hirtenvolks in Namibia, tragen Rot – allerdings nicht als Strampler, sondern als Farbe direkt auf der Haut. Die Paste für das ungewöhnliche Bodypainting gewinnen sie aus dem Stein Hämatit. Dass die Himba ihre Babys bemalen, geschieht aus verschiedenen Gründen. Einerseits bietet die Farbe Schutz vor Sonne, Kälte und Insekten, andererseits symbolisiert sie, dass das Neugeborene in der Welt der Lebenden angekommen ist. Rot steht bei den Himba für Leben, Vitalität und Gesundheit.

Die brasilianischen Kayapo-Mütter verbringen ebenfalls viel Zeit damit, ihre Babys zu bemalen – häufig, wenn die Kleinen schlafen. Sie verwenden dafür eine schwarzgrüne Farbe aus Jenipapo-Früchten. Als Pinsel dient die Rippe eines Palmblattes. Auf der menschlichen Leinwand entstehen geometrische Figuren und Netze aus geraden oder gebogenen Linien. All das sind Motive der Stammeszugehörigkeit.

Auch bei den Wayapi in Guyana greifen Eltern zum Pinsel. Sie bemalen den gesamten Körper ihrer Neugeborenen mit einer schwarzgrünen Farbe aus Jenipapo-Früchten, um sie für Mächte, die im Wald leben, unsichtbar zu machen. Als weitere Strategie, das Böse vom Kind fernzuhalten, legt sich der Vater nach der Geburt für drei Tage in eine Hängematte. Er lenkt dadurch die Aufmerksamkeit der Geister auf sich und weg vom Baby.

Schwarze Punkte tupfen die Mütter in Tamil Nadu ihren Babys ins Gesicht, auch dies dient der Abschreckung böser Mächte. In einigen arabisch geprägten Ländern, etwa im Oman, baden Eltern ihre Babys nach der Geburt und schminken deren Augen im Anschluss mit Khol, einer Paste aus Ruß.

Die Angewohnheit, sich die Augen dunkel zu schminken, ist schon aus der Steinzeit belegt. Eine lange Tradition hat das Make-up etwa in Ägypten und Indien. Die dunkle Farbe schlucke das einfallende Licht und verbessere so die Sichtverhältnisse bei sonnigem Wetter. Auch Fliegen und andere Insekten soll es vertreiben. Zudem hält die Farbe den »bösen Blick« fern.

Die Bemalungen der Neugeborenen der Osage-Indianer sind hingegen eine Huldigung: Sie sind überzeugt davon, dass die drei Sterne im Gürtel des Sternbildes Orion drei Hirsche darstellen. Diese tragen die spirituelle Kraft der Großmütter des Volkes in sich, von denen sie alle abstammen. Die Männer des Stammes bemalen daher die Rücken der Neugeborenen mit weißen Flecken, die an die Rücken von Hirschen erinnern und somit an die Abstammung des Volkes.

Eine andere Zeichnung ist an Hals und Hinterkopf vieler Babys aus aller Welt auch ohne Zutun ihrer Eltern entstanden: Der Storchenbiss. Der Name kommt daher, dass er an der Stelle auftritt, auf die der Storch beißen würde, würde er Babys in seinem Schnabel transportieren. Eigentlich handelt es sich bei diesem Mal um eine Ansammlung kleinster Blutgefäße, die mit der Zeit von selbst verblassen.

Um Haut und Haar: Accessoires gegen den »bösen Blick«

Häufig sind Kleidung und Accessoires auch Mittel zum Zweck, um den »bösen Blick« abzuwehren und zu besiegen. Neugeborene sind ihm mindestens genauso ausgesetzt wie Schwangere (siehe Seite 50). Wenn die Babys bestimmte Kleidung tragen oder mit speziellen Glücksbringern ausgestattet sind, werden negativ denkende Menschen abgelenkt. Manchmal verhüllen oder verschleiern Eltern ihre Babys auch, um es anderen unmöglich zu machen, einen Blick auf sie zu erhaschen, so etwa in Südamerika.

Wer dem Säugling eines seiner Bekleidungsstücke falsch herum anzieht, führt damit die dunkle Seite der Macht in die

Irre. Es darf sich dabei auch um Socken oder das Unterhemd handeln. In Sardinien sorgen Eltern von bis zu zehnjährigen Kindern dafür, dass sie sich auf diese Weise schützen. Also Vorsicht: Nicht gleich lästern, wenn ein Kindergartenkind aus der Mittelmeerinsel sein Hemd mal verkehrt herum trägt. Es muss gar nicht sein, dass der Papa daran schuld ist, der in Vertretung von Mama den Nachwuchs nicht richtig angezogen hat. Vielleicht ist das lustige Hemd einfach nur eine Abwehrmaßnahme gegen bösen Zauber.

Weil doppelt besser hält, befestigen Eltern gerne zusätzlich einen Obsidian, einen auf Sardinien beliebten schwarzen Stein, mit Hilfe einer Anstecknadel an Windel oder Body als Talisman gegen die Blicke. In Indien nähen Mütter Spiegel an die Babykleidung, damit diese den »bösen Blick« zurück werfen. Eine Maßnahme, die wiederum in Sardinien undenkbar wäre: Dort sollten sich Kinder bis zum ersten Geburtstag nicht im Spiegel betrachten, sie würden darin nur Dämonen und Höllenwesen zu Gesicht bekommen.

Eine schwarze Hand oder eine schwarze Hand als Anhänger an einer Goldkette beschützt indes Babys in der Dominikanischen Republik. Diesen Talisman namens Ásabache bekommen viele Mütter als Geschenk bei ihren Babyshowers (siehe Seite 67 ff.) überreicht. Er wehrt den »bösen Blick« ab.

Darum geht es auch bei dem sogenannten Nazar-Amulett vor allem im Nahen Osten und auf dem Balkan, das die Form eines Auges hat, oft aus Türkis oder blauem Glas hergestellt und als Anhänger zu tragen ist. Das »blaue Auge«, wie es auch genannt wird, ist oft in Nähe des schützenswerten Säuglings angebracht.

Doch nicht nur Talismane, auch Worte und Taten schützen die verletzlichen Personen. Im Senegal beispielsweise simulieren Wolof-Mütter, das Baby auf dem Markt zu verkaufen, damit die Geister nicht mehr interessiert sind. Auch spucken sie dem Nachwuchs ins Gesicht und die Väter ihm ins Ohr, was Glück bringen soll. Um dieses perfekt zu machen, verreiben sie die Spucke zudem auf dem Kopf. Ähnlich derb geht's in Bulgarien zu: Väter und Mütter spucken dem Nachwuchs ins Auge. Der Teufel interessiert sich dann nicht mehr für ihn.

Im Judentum beleidigen Leute die Babys stattdessen verbal. Eltern hören es tatsächlich gerne, wenn Bewunderer ihrer Kinder sagen, diese seien hässlich. Das vertreibt den »bösen Blick«. Wenn der Nachwuchs alt genug ist, um sich selbst zu schützen, sind Komplimente wiederum sehr wohl angebracht.

In China banden Eltern ihren Neugeborenen früher Tiermasken um, mit der Absicht, Geister fern zu halten. Inzwischen begnügen sie sich ebenfalls damit, ihr Kind verbal abzuwerten und beispielsweise als frech und dumm zu titulieren. Westliche Touristen freilich wundern sich darüber sehr.

In der Dominikanischen Republik wird diese Praxis weniger unfreundlich gelebt. Dort erwarten Eltern, dass jemand, der dem Baby Komplimente macht, im selben Atemzug *»God bless you«* wünscht. Das Kind ist dann hoffentlich gesegnet, sodass die schönen Worte, die den »bösen Blick« anziehen würden, ihm nichts anhaben können.

Der Koran hat derweil Schutz-Suren zu bieten, die vor den Auswirkungen des »bösen Blicks« schützen.

Gut zu wissen

Besonders schützenswert: Die Fontanelle

Die Fontanelle ist als weiche Delle an der Oberseite des Babyköpfchens zu spüren. An dieser Spalte treffen die Knochenplatten aufeinander, die den Schädel bilden. Erst nach einigen Jahren sind sie komplett zusammengewachsen.

Glaubt man einer Schöpfungsgeschichte aus Südostasien, ist über die Fontanelle das Leben überhaupt erst entstanden: Nachdem Gott die ersten Menschen aus Erde geformt hat, soll er ihnen über den Spalt das Leben eingehaucht haben.

Solange die Spalte besteht, befürchten manche Völker, dass sie Geistern Tür und Tor öffnet, etwa im südlichen Afrika. In Nepal wiederum haben Eltern Angst, dass der Geist des Babys darüber austreten könne. Mütter massieren die Stelle daher, im Glauben, dass sie sich dann schneller schließt. Die schnelle Abdichtung der Öffnung hätte noch einen weiteren positiven Nebeneffekt: Erst wenn die Schädeldecke geschlossen ist, ist das Baby fähig, richtig zu lernen. Davon sind Eltern in Nepal überzeugt. Zum Schutz der empfindlichen Stelle bestreichen Mütter und Väter aus Tibet sie mit Ruß und Butter. Dies soll die Hautschicht, mit der die Fontanelle bedeckt ist, festigen.

Auch in Kambodscha massieren Mütter die Fontanellen ihrer Neugeborenen – allerdings mit ihren Mündern, beim Duschen oder Baden. Dies schütze die Kinder vor Erkältung, Kopfschmerz oder Schnupfen.

Vorsicht, wer selbst erkältet ist, sollte zum Schutz der Fontanelle in Babys Nähe nicht laut niesen: Spanier gehen davon aus, dass die Fontanelle Schaden nimmt, wenn der Säugling mit Lärm konfrontiert ist.

Sollte die Fontanelle deutlich eingesunken sein, glauben Lateinamerikaner, sie mit einfachen Mitteln wieder in Form bringen zu können: Sie halten das Baby verkehrt herum und schlagen ihm dabei auf die Fußsohlen, damit sich die Beule am Kopf wieder füllt. Alternativ pressen sie ihren Daumen an den Gaumen des Babys, oder sie schlagen Eidotter in der Fontanelle und lassen diesen eintrocknen. Sie nehmen das Problem häufig nicht ernst, im Glauben, die tiefe Delle habe sich gebildet, weil die Mutter das Baby allzu plötzlich von der Brust genommen hat. Zur Nachahmung sind die genannten Heilmittel allerdings nicht empfohlen. Eine stark eingefallene Fontanelle kann auf Flüssigkeitsmangel hindeuten. Da schaut besser der Arzt drauf.

Durch die Haut: Piercings und Körper-Modellage

Manchmal schminken und bemalen Eltern ihre Kinder nicht nur, sie verändern oder modellieren die Körper dauerhaft. Dies geschieht nicht nur aus ästhetischen Gründen, es geht auch darum, Bräuche zu zelebrieren oder Böses abzuwehren.

Ist das Neugeborene ein Junge oder ein Mädchen? In Afrika und den Anden gilt ein neugeborenes Mädchen als geschlechtslos, bis es Löcher in den Ohren hat. In Mexiko piercen beherzte Krankenschwestern aus einem anderen Grund schon oft in der ersten Lebensstunde die Ohrlöcher: Sie gehen davon aus, dass Säuglinge in diesen Momenten im Gegensatz zu später keine Schmerzen fühlen. Auch in Spanien ist es üblich, dass Mädchen unmittelbar nach der Geburt Ohrringe bekommen. Ein deutscher Kinderarzt aus Granada erzählt, dass er oft staunt, wie schnell und selbstverständlich Krankenschwestern den Eltern den Gefallen tun – oft noch bevor die Nabelschnur durchtrennt ist.

In Indien findet das große Stechen oft bei Karnavedha sanskar statt, einer heiligen Zeremonie Monate oder Jahre nach der Geburt. Andere indische Säuglinge bekommen den Schmuck indes ebenfalls bereits wenige Tage nach der Geburt gestochen. Häufig durchlöchert ein Priester oder Goldschmied das Ohrläppchen des Säuglings an einer »von den Göttern bestimmten Stelle«. An dieser Stelle sei die Haut weich und so durchscheinend, dass »die Sonnenstrahlen hindurchtreten«. Die Ohrringe sollen vor Krankheiten und bösen Einflüssen schützen und auch schöner machen. Traditionell sind sie ein Geschenk des Onkels mütterlicherseits. Eine wissenschaftliche Grundlage soll das frühzeitige Ohrlochstechen auch haben: Ein Akupunkturpunkt für das Auge liegt am Ohrläppchen, und möglicherweise sieht besser, wer gepierct ist.

Auch nepalesische Eltern erhoffen sich vom Ohrlochstechen einen besonderen Schutz: Sie glauben, dass böse Geister ein Kind verschmähen, das verletzt ist und Blut verloren hat.

Und da es nichts gibt auf der Welt, was nicht mit Leichtigkeit getoppt werden kann, stechen die brasilianischen Kayapó-Indianer neugeborenen Jungen schon nach wenigen Lebenstagen ein Loch in die Unterlippe. Mit den Jahren vergrößern sie dieses. Hat der Junge das Heiratsalter erreicht, bekommt er eine sogenannte Lippenscheibe eingesetzt, die so groß ist wie eine Untertasse. Sie soll die Redekunst ihres Trägers symbolisieren.

Das war's längst nicht in Sachen Körpermodellage. Auch die Form des Babykopfes soll je nach Kultur dem Schönheitsideal entsprechen. Da bei Säuglingen die Schädelnähte noch nicht geschlossen sind, ist das Köpfchen noch formbar, was sich diverse Ästheten zu Nutzen machen. Die Hebammen bei den algerischen Tuareg etwa pressen den Kopf zusammen, damit er eine längliche Form erhält. Auch an der Nase ziehen sie, damit sie lang und schmal wird. Auch in anderen islamischen Gesellschaften ist eine große, flache Stirn erstrebenswert, sie steht für Schlauheit und Glück. Während ihrer ersten 40 Lebenstage tragen afghanische Säuglinge daher bestickte Stirnbänder, die den Kopf in Form bringen sollen.

Ähnlich modellieren Eltern im Kongo die Köpfe ihrer Neugeborenen: Die Mütter und Väter des Volks der Mangbetu schnüren sie mit Hilfe geflochtener Lianen so eng ein, dass sie nach einer Weile die Form eines länglichen Ovals erhalten. Manchmal helfen auch Bänder aus gestampfter Rinde oder Holzrahmen, um das ungewöhnliche Schönheitsideal zu erreichen.

In unseren westlichen Breiten gilt im Gegensatz dazu der ausgeprägte Hinterkopf als schön. Dennoch formen hiesige Mütter und Väter seit Beginn der Neunziger ihren Babys unwillkürlich die weniger beliebten Flachköpfe. Dies liegt daran, dass sie seit dieser Zeit davon ausgehen, dass das Risiko für plötzlichen Kindstod sinkt, wenn Säuglinge ausschließlich in der Rückenlage schlafen und nicht mehr auf dem Bauch. Die unschöne Nebenwirkung hiervon? Genau, abgeflachte Hinterköpfe. Diesen Schönheitsfehler versuchen findige Eltern teilweise abzuschwächen, indem sie das Baby tagsüber zum Stellungswechsel bewegen und es dann unter Aufsicht immer wieder auf den Bauch legen. In gravierenden Fällen des Flachschädels hilft jedoch nur mehr eine Therapie mit einem modellierenden Helm.

Auch Osteopathen haben Konjunktur seit Beginn der Flachkopf-Ära, um zur Verbesserung der Schädelform beizutragen. Manchmal können sie helfen, und immerhin: Weh tut der platte Schädel in der Regel nicht. Höchstens seelisch, wenn dadurch später die Modelkarriere verpfuscht ist ...

... es sei denn, das Kind modelt in der Türkei: Dort gilt ein flacher Hinterkopf vor allem bei den Herren der Schöpfung als Schönheitsideal. In Rückenlage zu schlafen, wird dort daher auch aus ästhetischen Gründen propagiert.

Baby-Flitterzeit auf der Isolierstation

Das Wochenbett

Ganze neun Monate hat sich der Körper der Frau auf die Geburt vorbereitet. Kein Wunder, dass Gebärmutter, Organe, Haut, Hormone nun einige Zeit brauchen, um wieder zum Status »nicht schwanger« zurückzufinden. Im Wochenbett, das auch unter dem Begriff »Baby-Flitterwochen« firmiert, hat die Mutter in den meisten Kulturen der Welt eine Chance, sich zu erholen und eine enge Beziehung zu ihrem Baby aufzubauen.

40 Tage hinter Schloss und Riegel: Rückzug mit Kind und Kegel

Als die britische Herzogin Kate mit ihrem ersten, nur wenige Stunden alten Sohn im Arm vor Fotografen und der Öffentlichkeit posierte, waren die Menschen in den Ländern schockiert, in denen Mütter nach der Entbindung wochenlang das Bett hüten, etwa in China. Dabei ist es in westlichen Ländern durchaus normal, dass es eine Mutter nach einer leichten Geburt schon sehr früh wieder nach draußen zieht. In vielen anderen Kulturen jedoch gehört es schlicht zur Tradition, dass sich frisch entbundene Frauen einige Zeit vollkommen verbarrikadieren und sie ihre Wunden durch die Zeit heilen lassen. Beim vollständigen Rückzug von allen bisherigen Ämtern in Familie, Haushalt und Arbeit spielt die Zahl 40 häufig eine große Rolle.

Die Zahl 40 ist in verschiedenen Religionen prominent vertreten. 40 Tage lang hat es im Alten Testament geregnet, 40 Tage lang ist Moses auf dem Berg Sinai geblieben, um das Gesetz zu empfangen, 40 Tage lang fasten die Katholiken jedes Jahr, nach dem Vorbild des Fastens Jesu in der Wüste. Im Alter von 40 Jahren empfing Mohammed seine Visionen, Muslime trinken bereits 40 Tage vor dem Ramadan keinen Alkohol. Und so weiter, und so fort: Symbolbeladen ist daher die 40 Tage währende Frist, die eine Mutter im Wochenbett verbringen soll. Warum sich die frisch Entbundene so lange zurückzieht, begründen die Völker auf unterschiedliche Art und Weise.

In Griechenland verkriechen sich Mutter und Kind 40 Tage lang in den eigenen vier Wänden, um dem »bösen Blick« auszuweichen und sich als junge Familie kennenzulernen. Die Verwandtschaft ist in dieser Zeit für die Pflege von Mutter, Kind und Haushalt zuständig. Problematisch wird diese teils sehr streng gehaltene Isolation, wenn verschiedene Kulturen aufeinandertreffen: In Internetforen berichten Griechinnen, die mit Deutschen verheiratet sind, über Interessenskonflikte. Eine junge Mutter beispielsweise war während der Zeit ihres Wochenbetts auf einer Hochzeit aus dem Familienkreis ihres deutschen Mannes eingeladen. Sie wollte auf keinen Fall hingehen, ihre Tradition verbietet es. Ihre Schwiegermutter hatte hierfür kein Verständnis. Als die junge Griechin nach 40 Tagen als Erstes in die Kirche gegangen ist, wie sie es aus ihrer Kultur kennt, musste sie vermutlich nicht nur um das Wohl ihres Kindes bitten, sondern auch darum, dass der Haussegen nicht weiter schief hängt.

Friedlich sollte es auch in den Haushalten Somalias zugehen, wenn eine Wöchnerin daheim ist. Dort wird alles dafür getan, dass das 40-Tages-Wochenbett *(afantanbah)* in einer wohligen Atmosphäre stattfindet. Zweimal täglich steckt der fürsorgende Vater etwa ein neues Myrrhen-Räucherstäbchen an, um das Babynäschen nicht allzu früh mit den krankmachenden Gerüchen der Außenwelt zu konfrontieren. Der Säugling ist während der gesamten Zeit mit einem glückbringenden Armband geschmückt, die Mutter trägt Ohrringe aus Knoblauchzehen, was hoffentlich den besinnlichen Myrrheduft nicht wieder zunichtemacht. All das soll schlechte Gedanken fernhalten und die Mutter-Kind-Bindung sowie die gute Genesung fördern. Ist das Wochenbett überstanden, wird gefeiert.

In der Türkei versüßen Väter ihren Liebsten das Wochenbett durch viele Aufmerksamkeiten. Zunächst bekommt die Mutter im Krankenhaus gleich nach der Geburt ein teures Geschenk, etwa ein goldenes Armband oder eine Kette. Kommen sie und das Baby nach Hause, erwartet sie dort ein üppig geschmücktes Bett.

Dass es viele Frauen freilich auch als belastend empfinden, 40 lange Tage nicht am Alltagsleben teilzunehmen, verdeutlicht der Begriff, den die Lateinamerikaner für das Wochenbett haben: Sie bezeichnen es als *la cuarentena,* also als »Quarantäne«. Der Körper der Mutter gilt im Wochenbett als »offen« und verwundbar, er soll sich jetzt, in der Isolation, wieder »schließen«. Andere Familienmitglieder helfen ihr, wo sie können, und übernehmen die Verantwortung für Haus, Essen und die Betreuung der Geschwisterkinder.

Die Quarantäne nimmt frau natürlich gerne in Kauf, wenn für sie ansonsten akute Lebensgefahr bestünde. Denn dass sie während des Wochenbetts sterben könnte, davon gehen Familien in einigen Teilen der Türkei und in weiteren arabischen Völkern aus. Dort kursiert der Spruch »Das Grab einer Wöchnerin steht vierzig Tage offen«.

Doch auch mit weniger drastischen Bedrohungen ist die Wöchnerin konfrontiert. In Syrien, Libanon und Palästina etwa ist die sogenannte Kabsa verbreitet, die sich bevorzugt über Säuglinge, Kleinkinder und stillende Mütter hermacht. Es handelt sich dabei – wie beim »bösen Blick« – nicht um einen personifizierten Dämon, sondern um eine abstrakte, negative Kraft. Die ominöse Kabsa steht ins Haus, wenn die Wöchnerin bestimmte gesellschaftliche Regeln verletzt. Dies ist etwa der Fall, wenn sich zwei Wöchnerinnen gegenseitig besuchen – immerhin soll keine von ihnen das Haus verlassen. In der Folge kann bei beiden die Milch ausbleiben. Und noch mehr ist verboten: Auch eine menstruierende Frau soll die Wöchnerin nicht einlassen. Ebenso keine Kranke: Dann würde es nach dem Besuch nämlich beiden schlechtgehen.

Das Neugeborene ist ebenso nicht gefeit vor dieser Kraft. Die Kabsa befällt es, wenn es etwa auf dem Boden liegt und jemand darüber steigt. Dasselbe gilt, wenn jemand über die Kleidung des Babys hinweggeht, denn Kleidung gilt häufig als Platzhalter für die Person. In den letztgenannten beiden Fällen kann die schreitende Person die Kabsa noch rückgängig machen, sie muss schlicht nochmals von der anderen Seite über Kind, Body oder Strampler steigen. Tut sie dies nicht, hört das Kind auf zu wachsen. Dasselbe droht, wenn in Syrien, Palästina oder im Libanon die Mutter die Kleidung des Kindes auswindet. Das wäre, als würde sie das Kind auswinden.

Hat die Kabsa das Kind erwischt, gibt es eine Therapie: Eine Frau, die mit der Familie nicht verwandt ist, schnappt es sich und bringt es auf den Friedhof. Von den Toten fordert die Mittlerin, dass sie das jetzt mit ihnen verwandte Kind zu sich nehmen und das echte, lebende rausrücken. Anschließend verlässt sie den Friedhof, das Kind bleibt alleine zurück. Nach einiger Zeit holt sie das von den Toten »ausgetauschte« Baby und bringt es zurück zur Mutter.

Al Karisi heißt die böse Macht, die die Mütter und Babys Anatoliens 40 Tage und Nächte lang nach der Geburt bedroht. Sie ist eine Art böse Hexe, und wenn sie zuschlägt, bekommt die Mutter etwa Wochenbett-Depression. Das Baby erleidet im schlimmsten Fall den plötzlichen Kindstod. Es gibt allerlei Vorsichtsmaßnahmen, um Al Karisi fernzuhalten: Ein Besen, der Koran, Zwiebeln, Knoblauch und diverse Glücksbringer sollen im Wöchnerinnen-Zimmer platziert sein, um der Hexe den Eintritt ungemütlich zu machen. Unter den Kissen von Mutter und Kind befinden sich zudem eine Nadel, eine Sichel, ein Dolch, ein Messer oder andere Waffen. Generell sollen beide nicht allein bleiben. Sind die 40 Tage überstanden, unterziehen sich Mutter und Kind einer rituellen Waschung, die mit Lesungen aus dem Koran abgeschlossen wird.

Überhaupt dürften die Gebete nach dem Wochenbett für viele muslimische Frauen die ersten religiösen Erfahrungen nach der Geburt sein. Zuvor, während des Wochenflusses, gelten sie als unrein und dürfen den Koran daher weder anfassen noch lesen. Sie dürfen nicht einmal beten. Ist der Wochenfluss auch während des Fastenmonats Ramadan nicht versiegt, müssen, ja dürfen sie nicht fasten. Es wäre sogar ungültig. Wenn die Blutung aufhört bevor das 40 Tage währende Wochenbett zu Ende ist, vollziehen die Mütter die Ganzkörperwaschung. Jetzt müssen sie die verpassten Fastentage nachholen, nicht aber die unterlassenen Gebete.

Falls die Blutung indes mehr als 40 Tage dauert, wird sie nicht mehr als Wochenfluss gewertet. Nach 40 Tagen wäscht sich die Entbundene in jedem Fall und beginnt wieder zu beten.

Auch im Judentum soll sich die Wöchnerin traditionell zurückziehen – 40 Tage, wenn sie einen Jungen, 80 Tage, wenn sie ein Mädchen geboren hat. Ob es rechtens ist, Frauen derart lange zu isolieren, darüber streiten jüdische Gelehrte. Für streng Konservative ist diese Quarantäne Gesetz, etwa bei den äthiopischen Juden. Deren Frauen halten sich in der Regel tatsächlich 40 beziehungsweise 80 Tage lang in Hütten außerhalb des Ortes auf. Ist die Frist abgelaufen, fastet die Mutter und verbringt den ganzen Tag am Fluss. Dort wäscht sie sich und ihre Kleidung stundenlang in rituellen Abläufen. Auch das Baby wird gewaschen.

Nachts gelangen Mutter und Kind an ihren Heimatsort, wo sie von den Bewohnern am reich gedeckten Tisch empfangen werden. Abschließend bringt die Mutter ein Opfer als Dank für die Geburt: ein Schaf, einen Vogel oder auch nur Brot, falls der Familie wenig Geld zur Verfügung steht.

Im Anschluss an das Wochenbett sagen jüdische Mütter häufig den sogenannten HaGomel-Segensspruch. Dieser kommt in der Regel nach lebensbedrohlichen Situationen zum Zuge. Sie sprechen ihn entweder in Gegenwart von zehn männlichen Verwandten zu Hause oder in der Frauenabteilung der Synagoge auf. Auch in der Synagoge müssen sie sicherstellen, dass zehn Männer den Segen hören. Heutzutage sprechen Mütter ihn oft nur noch, wenn die Geburt schwierig war.

Kraft tanken: Warm und satt im Wochenbett

Viel Blut hat die Gebärende verloren – und damit auch viel Wärme. Davon sind Asiaten und Südamerikaner überzeugt. Weil die Mütter im Wochenbett nicht unbedingt stundenlang Sonne tanken können, um in Form zu kommen, braucht es andere Strategien, um den Körper wieder aufzuheizen.

In Vietnam und Malaysia heißt die beste Strategie gegen einen ausgekühlten Körper: heiß baden. Regelmäßig steigen die Wöchnerinnen beider Länder in gut gewärmte Badewasser und erholen sich im wohligen Nass. Dasselbe gilt in Guatemala, wo die Bevölkerung davon ausgeht, dass das warme Badewasser auch die Muttermilch auf eine angenehme Trinktemperatur bringt. Allgemein fühlen sich Frauen in Lateinamerika jedoch durchlässig und offen nach der Geburt, sodass sie fürchten, kalte, schädliche Luft könne in sie einziehen. In Honduras tragen sie daher im Wochenbett Hüte und Socken und stopfen sich Baumwolle in die Ohren, um der kalten Luft keine Chance zu geben. Auf den Kapverden drehen Frauen während ihres Wochenbetts die Heizung auf, selbst wenn es draußen hochsommerlich ist. Worauf die Finnen schwören, damit sich ihre Frauen schneller im Wochenbett erholen? Auf Sauna – na klar. Im Land der Elche, Seen und Wälder gilt ein Schwitzbad nämlich als Heilmittel für praktisch alles.

Auch menschliche Kälte sollen Wöchnerinnen in Honduras nicht erfahren, jeder Ärger wird von ihnen ferngehalten. Sie sollen nicht einmal mitbekommen, wie sich ihre Mitmenschen aufregen.

Seelen- und Körperpflege betreiben auch die Inder. Die frischgebackenen Mütter genießen dort oft täglich eine Ganzkörpermassage – je nach Region oft 40 bis 60 Tage lang, denn so lange dauert das Wochenbett. Dieses Wellness-Programm entspannt und regt die Blutzirkulation an. Wenn die Babys Glück haben, bekommen auch sie eine tägliche Massage verabreicht. Zu essen gibt es für die Wöchnerin ebenfalls wärmende Kost.

Ähnliches in Honduras: Damit auch die Mütter von innen warm sind, schlürfen sie Hühnersuppe oder heiße Schokolade – und nehmen keine als kühlend geltenden Nahrungsmittel zu sich, wie etwa Gurken.

In Nigeria trinkt die Wöchnerin zur Genesung scharfe Suppe mit viel rotem Pfeffer und weiteren scharfen Gewürzen, die die Wundheilung im Uterus vorantreiben sollen. Die Frauen der wohlhabenderen Schichten lassen sich dazu ein Guinness-Bier schmecken. Prost!

Bei den Mafa in Nordkamerun kocht die Familie Feigensuppe für die Wöchnerin. Sie regt den Darm an, der nach einer Entbindung oft allzu träge ist, beugt Entzündungen vor und fördert die Milchbildung.

Eine Suppe aus Braunalge bekommen koreanische Mütter als erste Speise gleich nach der Geburt serviert. Auf Koreanisch heißt sie *miyok-guk.* Die Suppe landet während der folgenden zwei, drei Monate drei Mal täglich auf dem Teller der Wöchnerinnen. Klar, dass sie einen solch wenig abwechslungsreichen Speiseplan spätestens nach einigen Tagen leid sind, selbst wenn die Suppe schmeckt. Koreanerinnen sagen daher oft zu ihren ungezogenen Kindern: »Vergiss nicht, ich habe Algensuppe für dich gegessen!«

Auch in Korea achten Mütter auf eine wärmende Umgebung. Sie kommen mit Händen und Füßen etwa nur mit warmem Wasser in Berührung. Die chinesische Wöchnerin verzichtet ebenfalls auf kaltes Wasser. Überhaupt ist einer der wichtigsten Gründe, warum sie das Wochenbett hütet, die Angst vor Erkältung. Eine solche fürchten Chinesen extrem: Wenn die Neu-Mama auf einem Stuhl sitzt, sollte keine Lücke zwischen Rücken und Lehne klaffen – ein kleiner Windzug hätte sonst leichtes Spiel, so die Sorge. Die Familie überwacht ferner mit militärischer Präzision, dass die jungen Mütter weder die Zähne putzen noch die Haare waschen oder bürsten. Das Verbot, die Haare zu waschen, hatte in früheren Zeiten vielleicht noch seine Berechtigung, als das Haar auch bei kühlem Wetter an der Luft trocknen musste. Seit der Erfindung des Föns indes ist es vermutlich sinnvoll, manche Tabus zu hinterfragen.

Zudem gibt es zur Prophylaxe und um neue Kraft zu schöpfen im Land der Mitte einen besonderen Zaubertrank für die frisch Entbundene: warme Hühnersuppe. Diese kurbelt die Lebensenergie Qi wieder an, die bei der Geburt gebraucht wurde, wirkt als Antidepressivum gegen den Babyblues, vertreibt Kälte und löst Blutstauungen auf. Die Besonderheit bei der Zubereitung besteht in einer für westliche Küchenchefs unverständlich langen Kochzeit: Mindestens vier Stunden, im Idealfall sogar über mehrere Tage hinweg köchelt diese chinesische Kraftsuppe vor sich hin.

Rezept

Ein Powerdrink aus China: Kraftsuppe fürs Wochenbett

Im Idealfall setzt der Koch die Suppe bei den ersten, richtigen Wehen auf und lässt sie so lange auf kleiner Flamme köcheln, bis das Kind auf der Welt ist. So ist sichergestellt, dass die Mutter zum Baby gleich die nötige Stärkung serviert bekommt.

Zutaten

- Zwei bis drei Liter Wasser
- Ein frisches Huhn, samt Knochen
- Zwei bis drei Karotten, in kleinen Stücken
- Etwas Rosmarin, eine Handvoll Petersilie, ein Lorbeerblatt
- Nach Belieben Fenchel, Sellerie, Lauch
- Eine Scheibe frischen Ingwer
- Erst zum Schluss: Salz und Pfeffer

Zubereitung

Das Wasser in einem großen Topf aufsetzen, alle Zutaten zugeben. Das Ganze für mindestens vier Stunden köcheln lassen, immer wieder mit Wasser auffüllen. Damit der gute Geschmack und die stärkenden Stoffe aus dem Huhn austreten können, darf die Suppe erst nach der langen Kochdauer gesalzen werden, zum Abschmecken. Vor dem Servieren bitte die festen Bestandteile entfernen, sie haben nun ihr Qi, die Lebensenergie, an die Suppe weitergegeben. Jetzt noch das Fett abschöpfen. Nun trinkt die Wöchnerin die verbleibende Brühe in zwei bis drei Tassen täglich über mehrere Wochen hinweg.

Die Kraftsuppe ist vielleicht noch das Beste, was Chinesinnen nach der Entbindung vorgesetzt kriegen, denn Traditionalisten schreiben ihnen folgenden Speiseplan vor: In der ersten Woche nach der Geburt sollen sich die Mütter neben der Suppe nur von Schweineleber, in der zweiten Woche nur von Nieren und in der dritten Woche nur von Sesamöl-Huhn ernähren. Jede der Speisen hat eine spezielle Funktion. Dazu gibt es weder Wasser noch Milch, sondern abgekochten und damit alkoholfreien Reiswein.

Wer anmerkt, dass sich die Frauen anderer Kulturen anders ernähren, bekommt stichhaltige Gegenargumente geliefert: Ausländische Frauen altern in den Augen der Chinesen schneller und haben nach der Geburt eine schlechtere Figur. Zudem wissen sie es einfach nicht besser, sonst würden sie essen wie Chinesinnen, die in der Regel älter werden als Westlerinnen. Logisch, oder?

Gut zu wissen

Der Chinese an sich: Infos auch jenseits des Wochenbetts

Wen die chinesischen Alltagsgepflogenheiten auch jenseits des Wochenbetts interessieren, dem sei *Der Chinese an sich und im Allgemeinen: Alltagssinologie* von Jo Schwarz ans Herz gelegt, das 2014 im CONBOOK Verlag erschienen ist.

Hilfe für die erste Zeit: Von Familienfürsorge hin zum großen Betreuungsgeschäft

In China gibt es drei Zeitabschnitte, die sich auf den Rest des Lebens einer Frau auswirken: die erste Menstruation, das Wochenbett und die Wechseljahre. Jede Krankheit, die frau sich im Monat nach der Geburt einfängt, gilt als unheilbar. Klar, dass Mütter aus dem Reich der Mitte diese Phase nicht einfach nebenher abfeiern oder gar ignorieren, wie es oft in westlich orientierten Ländern passiert. Für ihr Wochenbett, das *zuo yuezi* heißt und das als »den Monat sitzen« übersetzt werden kann, gibt es strenge Regeln, die teilweise 2000 Jahre alt sind. Nur eine Mutter, die sich an diese Traditionen hält, erhole sich vollständig von der Geburt. Die Regeln, die auch beinhalten, schlicht zu ruhen und sich nicht um den Haushalt zu kümmern, kann oft nur befolgt werden, wenn die Mutter Hilfe von außen hat.

Weil die junge Familie oft keine Großfamilie mehr zur Unterstützung um sich hat und es viel zu aufwändig ist, selbst die nötigen gesundheitsfördernden Speisen zuzubereiten (siehe Seite 165 ff.), wurde die Versorgung im Wochenbett zum großen Geschäft. Es gibt in China viele Unternehmer, die als Wochenbett-Lieferservice die Familien mit den entsprechenden Speisen versorgen. Wer noch mehr Unterstützung als nur beim Kochen braucht, der bucht für Mutter und Kind einen Platz in einem postnatalen Pflegezentrum, in dem sie gut umsorgt den erste Monat verbringen. Das Rundum-sorglos-Paket, das Chinesen aus eigener Tasche bezahlen, umfasst die Pflege für die Mutter und das Neugeborene, medizinische Untersuchungen und die ständige Bereitschaft eines Arztes. Auf den Tisch kommen für die Mutter fünf Mahlzeiten am Tag, sie wird in Kindererziehung unterrichtet und bekommt Tipps zur Namensgebung.

Wem das wiederum zu viel des Guten ist, für den gibt es im Reich der Mitte eine Mittellösung: In China ist es Trend, eine Super-Nanny für die Geburt und die Zeit danach zu engagieren. Wer es sich leisten kann, bucht die Yuesao beziehungsweise die Wochenbetthelferin bereits für den Zeitraum von 30 Tagen vor dem errechneten Termin. Dann hat die Nanny auch genügend Zeit, mit Papa und dessen Kreditkarte alle wichtigen Besorgungen zu erledigen und den Haushalt zu managen, während die Hochschwangere nochmals entspannt. Die Yuesao ist dann zuständig für den Nestbau und in jedem Fall pünktlich zum Wehenstart an der Seite der Mutter. Sie hält Händchen während der Geburt, ist vom ersten Atemzug an auch für das Neugeborene da und schläft eventuell sogar im Krankenzimmer. Bis zum Ende des Wochenbetts umsorgt sie die neue, kleine Familie und steht mit Rat und Tat zur Seite. Je nach Budget der Familie arbeitet sie »nur« für ein paar Stunden pro Tag oder rund um die Uhr.

Die Nannys sind vor allem in Chinas Babyboom-Jahren (siehe Seite 12) restlos ausgebucht. Wer nicht auf ihre Dienste verzichten mag, fragt besser sechs Monate vor dem Einsatz bei ihnen an. Der Lohn ist vergleichsweise hoch: Im Schnitt erhalten sie im Monat 9.800 bis 12.800 Yuan (1170 bis 1525 Euro). Zum Vergleich: Ein Büroangestellter in Shanghai verdient derzeit rund 7.200 Yuan.

Auch in Holland, wo die Mütter häufig in den eigenen vier Wänden entbinden, gibt es eine Kultur der Zuhause-Pflege. Eine *kraamverzorgster,* wie die niederländische Wöchnerinnen- und Säuglingspflegerin heißt, kommt während der ersten zehn Tage nach der Geburt ins Haus. Sie hält der Familie den Rücken frei, damit sich diese in aller Ruhe kennenlernen kann – und ersetzt damit die Hilfe durch die Großfamilie, wie sie früher üblich war. Ihre Hauptaufgabe besteht darin, der Mutter bei der Pflege des Babys über die Schulter zu blicken, in Gesundheitsfragen zu beraten und ihr im Haushalt unter die Arme zu greifen. Zunächst kocht sie für die Familie, bespaßt ältere Kinder, räumt auf, putzt, hilft beim Stillen und gibt Tipps zur guten Rückbildung. Gegebenenfalls ruft sie auch Hebamme oder Arzt zu Hilfe.

Manchmal sind es auch die Nachbarn, die der jungen Familie zur Seite stehen. Häufig sprechen sich diese ab, um im Wechsel für die junge Familie zu kochen. Auch in Deutschland ist dieser Brauch bekannt, etwa im ländlichen Allgäu oder in Thüringen. In den USA sind sogenannte Meals-on-wheels-Listen populär, also »Essen-auf-Rädern-Listen«: Freunde er Eltern tragen sich darin ein und verpflichten sie sich dadurch, der jungen Familie an einem bestimmten Tag warmes

Essen zu bringen. Auf diese Weise ist sichergestellt, dass die Eltern ein paar Wochen lang zuverlässig gut versorgt sind.

Natürlich ist es bedauerlich, wenn in der heutigen Zeit häufig Hilfe von außen nötig ist und Oma Gerda und Tante Hildegard sich nicht einbringen können, weil sie schlicht zu weit weg wohnen. Andererseits bringen Familienmitglieder oft mehr Stress mit als eine neutrale dritte Person. Es tiefenentspannt daher möglicherweise, wenn sich die junge Familie die Hilfe sucht, die sie wirklich haben will. Das schützt vor Schwiegermuttermilchstau und vielleicht auch vor Wochenbettdepression.

Männerkindbett: Erholung für das starke Geschlecht

Und die Väter? Sie unterstützen natürlich die Wöchnerin, so gut es geht. Also, meistens zumindest. Manchmal sind sie nach einer Geburt jedoch selbst geschlaucht und erholungsbedürftig (siehe Seite 111 f.). Vor allem in manchen Naturvölkern fordern sie jetzt eine Pause ein und verkriechen sich im Männerkindbett, Couvade genannt. Manchmal dauert ihr Rückzug nur wenige Tage, manchmal sogar Wochen. So viel Gleichberechtigung muss sein.

Bei den Tucano-Indianern aus der Amazonasregion sind es sechs Tage, die sich die Männer nach der Geburt ihres Kindes frei nehmen. Ihre Kräfte hängen mit denen des Kindes zusammen, so die Überzeugung, und würden sie schwinden, könnte auch das Baby kränkeln. In der Zeit, in der sich jenes von der Geburt erholt und am besten einen Wachstumsschub hinlegt, ist es demnach sinnvoll, dass sich der Papa in die Hängematte legt und den Herrgott einen guten Mann sein lässt.

Dasselbe gilt beim afro-karibischen Stamm der Garifuna in Honduras. Auch dieses Völkchen ist überzeugt davon, dass die Lebenskraft des Vaters über eine Art spiritueller Nabelschnur auf das Kind übergeht. Wäre der Vater geschwächt, würde auch das Kind schlapp machen. Fischen, Jagen und andere Arbeiten sind daher tabu. Kommt der Vater dennoch ins Schwitzen, muss er das Kind mit seinem Schweiß einreiben. Auf diese Weise landet seine Energie doch noch beim Kind und verpufft nicht in der Atmosphäre. Wer glaubt, dass Garifuna-Kinder diese besondere Massage mit dem Babyalter hinter sich lassen können, irrt: Garifuna-Väter arbeiten ihr spezielles Fluid auch in die Haut ihrer älteren Kinder ein.

Bei den ecuadorianischen Jivaro genießen frischgebackene Väter ebenfalls ein Wochenbett-Verwöhnprogramm erster Güte, allerdings mit dem Nachteil, dass sie sich wie ihre Frauen an einen strengen Speiseplan halten müssen. Oft argumentieren Indianer, wenn sie auch den Vätern eine Diät verordnen, dass die Kinder noch mehr von ihnen als von den Müttern abstammen und der geringste Ernährungsfehler dem Nachwuchs schaden könnte.

Weil es dennoch ungerecht ist, wenn Männer ebenso entspannen dürfen wie die frisch Entbundenen, können sich die Frauen bei den Jivaro zu einer anderen Zeit auf die faule Haut legen: Sie hüten nach der Geburt von Hundewelpen das Wochenbett. So werden böse Geister auf die Frauchen aufmerksam und halten sich von den Tierbabys fern.

Überhaupt ist dies einer der Gründe für das Männerkindbett: Liegt der Mann in der Hängematte oder auch auf dem Bett der Frau, glauben die bösen Geister, das Kind sei noch nicht geboren. Indem sie auf den unerwartet Kranken achten, entgehen ihnen die tatsächlich Geschwächten.

Den Vogel in Sachen Couvade schießen jedoch manche Stämme Guineas ab. Der Papa ruht dort nach der Geburt in der Hängematte, hält eine spezielle Diät und fasst keine Waffen an. Weibliche Verwandte versorgen ihn. Und die Mutter? Die arbeitet schon nach wenigen Stunden wieder auf dem Feld, denn einer muss ja etwas tun.

Da geht es bei einem Völkchen auf den Andamanen schon netter zu: Dort isolieren sich sowohl Vater, als auch Mutter und Kind für eine Weile, während die lieben Verwandten alle drei unaufdringlich versorgen. So lernen sie sich als Familie gleich gut kennen.

Gesellschaft und Gesellschaften

Erste Besuche

So ausgelassen werden junge Väter vielleicht nie wieder feiern wie in den Tagen, in denen der Rest der Familie noch im Krankenhaus weilt. Zu groß die Verantwortung, die danach auf ihnen lastet, zu niederschmetternd die Müdigkeit durch den Alltag mit dem Baby. Für sehr kurze Zeit stehen frischgebackene Papas jetzt jedoch im Mittelpunkt der Festivitäten mit ihren Kumpels. Und lasst uns nicht schwarzsehen, es gibt Väter, die dem Feiern mindestens so treu bleiben wie ihrer Ehefrau, und es gibt Gesellschaften, welche der Geburt so gepflegt huldigen, dass der neue Erdenbürger und die frisch Entbundene guten Gewissens bereits dabei sein können. Was es noch gibt bei den diversen Besuchen und Festen, die jetzt stattfinden? Geschenke natürlich!

Coming home: Begrüßungsdeko aus der Nachbarschaft

Bevor der Nachwuchs die gesamten Verwandten, Freunde und Nachbarn zu Gesicht kriegt, machen jene durch diverse Willkommensrituale auf die Geburt aufmerksam. Immerhin soll jeder mitbekommen, dass das Baby da ist. Manchmal handelt es sich bei den Begrüßungsaktionen der lieben Zeitgenossen um pure Herzlichkeiten, manchmal verspotten sie die jungen Eltern damit, vor allem nach der Geburt eines Mädchens.

Niederbayern und Oberösterreicher gehen beispielsweise nicht zimperlich mit Mädcheneltern um, was Gleichstellungsbeauftragten aus dem Rest der beiden Länder die Haare zu Berge stehen lässt. Auch die niederbayerischen Eltern der Autorin dieses Buches wären Hohn und Spott ausgeliefert gewesen, wenn sie nicht zunächst behauptet hätten, ein kleiner Tobias sei auf die Welt gekommen statt einer kleinen Nadine. Sie fürchteten den damals im idyllischen Rottal beliebten Brauch, mit schwarzer Farbe den Begriff »Büchsenmacherei« beziehungsweise *»Bixnmocharei«* an die Hausfassade gemalt zu bekommen. Der gesamte Weg vom Krankenhaus zum Wohnhaus wäre zudem mit leeren Konservendosen »dekoriert« gewesen. Der Plan der Eltern, den Schwarzmalern weiszumachen, dass ein Sohn geboren wurde, ging auf.

Auch heute ist der Brauch noch verbreitet, Vätern den Titel *»Bixnmocha«* zu verleihen, sofern sie ein Mädchen gezeugt haben. Der Ursprung hierfür findet sich im bairischen Dialekt, in dem ein Mädchen auch *Bix* heißt, was so viel wie »Dose« bedeutet. Der aufmerksame Leser befürchtet es, ist ein bayerisches, politisch inkorrektes Synonym für die weiblichen Geschlechtsorgane. Häufig geben sich Nachbarn heutzutage damit zufrieden, mit diversen Dosen und einem Schild auf das Haus des *Bixnmochas* hinzuweisen, und verschonen die Fassade.

Was hingegen schade ist: Eine Finanzspritze für die bemitleidenswerten Eltern von Mädchen gibt es heute auch nicht mehr. Früher war es üblich, Geld zu geben, wenn das Erstgeborene ein Mädchen war. Mädchen kamen teuer, weil sie »nur« im Haushalt mithalfen und der Brautvater noch dazu die Hochzeit bezahlen musste, wenn die Tochter unter die Haube kam. Inzwischen aber, so hört man, sollen auch niederbayerische Mädchen selbst für ihren Lebensunterhalt sorgen können und den Eltern nicht weiter auf der Tasche liegen, und sei es durch Bücherschreiben.

Selten wird auch auf das männliche Pendant zur *Bixnmocherei* hingewiesen, auf die *Lumpenmacherei.* Ein *Lump* ist ein Lausebengel, und auch alte Klamotten werden im Bairischen als *Lumpen* bezeichnet. Eine Wäscheleine mit ausrangierten Hosen, Röcken und Hemden zeigt daher die Geburt eines Sohnes an.

Es gibt im deutschsprachigen Raum auch nettere Willkommensgrüße. Ob in Deutschland, Österreich oder der Schweiz – überall kommt es vor, dass Nachbarn und Freunde in der Nähe des neuen Zuhauses des Säuglings eine Wäscheleine aufspannen und nützliche, neue Babykleidung daran befestigen. Manchmal stellen sie auch Klapperstörche aus Pappe oder aus Holz vors Elternhaus oder pflanzen Bäume im Garten, ob mit oder ohne Plazenta darunter (siehe Seite 124 f.). Diese schmücken sie mit Geschenken wie Babystramplern, Fläschchen und Schnuller.

»Ja, is' denn heut' scho Weihnachten?«, denkt man indes mit Blick auf die Bäume, die in manchen Schweizer Regionen vor den Häusern frischgebackener Eltern stehen: Dort pflanzen Hobbygärtner nämlich keine Apfel- oder Birnbäume, sondern teilweise auch Nadelbäume, die sie Geburtstannen nennen. Auch wegen der Geschenke, die zwischen den Nadeln hängen, fühlt man sich in den Heiligen Abend versetzt. Alles, was die junge Familie begehrt, ist dort zu finden. Dass ausgerechnet Tannen aufgestellt werden, kommt nicht von ungefähr: In vielen Kulturen symbolisieren sie Geburt und Wiederauferstehung, und weil sie immergrün sind, verkörpern sie auch das ewige Leben.

In Schweizer Städten jedoch, wo kein Platz für (Tannen-) Bäume ist, haben sogenannte Geburtstafeln deren Symbolik übernommen. Eltern stellen hölzerne Schilder in Form von Enten, Bären, Hasen oder gar Micky Maus im Garten oder Vorgarten auf oder befestigen diese irgendwie an der Hausfassade. Darauf stehen Namen und Geburtstag des Babys. So erfahren die Nachbarn davon. Manchmal sind es auch die

Nachbarn selbst, die diese Schilder bemalen und anbringen. Weil die Geburtstafeln so beliebt sind, bleiben sie oft auch jahrelang hängen.

Rauschende Feste: Die Freunde zu Gast

In Berlin feiern sie »Pullerpartys«, in Rheinland-Pfalz das »Babypinkeln«, im nördlichen Hessen den »Pullerschnaps« oder »-schoppen«, in Schleswig-Holstein das »Babybier«, in Thüringen das »Bruns-« oder »Sächbier« und in Schwaben sprechen sie vom »Füßle baden«. Und nein, damit ist kein Umtrunk in der Herrentoilette gemeint. Aber sowas Ähnliches: Bei den genannten Veranstaltungen handelt es sich um gesellige Versammlungen anlässlich der Kindsgeburt, die ihren Ursprung im norddeutschen Raum haben und oft nur von Papa und seinen Freunden begangen werden, während Mutter und Kind noch im Krankenhaus liegen. Wer Gentleman ist, wartet jedoch auf den Rest vom Fest. Hinter dem Brauch steckt die großherzige Vorstellung, dass Papa und seine Kumpels dadurch, dass sie viel trinken, dem Baby helfen, gut pinkeln zu können.

Die Getränkeauswahl beschränkt sich bei diesen Festivitäten vor allem auf Alkoholisches. Für das Essen sorgen häufig die Freunde. Manchmal verzichten Väter auch auf die große Sause und bringen stattdessen Bier, Schnaps oder Sekt mit zur Arbeit. Eine offizielle Einladung zum Umtrunk gibt es nicht, oft informieren Papas ihre Partykumpel über eine Fahne mit den Eckdaten, die vor dem Haus platziert ist.

Mit dem Ursprung des Brauchs haben die heutigen Pinkel-Partys nichts mehr zu tun. Früher sind Freunde und Verwandte ins Haus der Familie gekommen, um den Neuling auch als Nackedei zu sehen und mal im Arm zu wiegen. Wenn das Baby hierbei jemanden angepinkelt hat, hat er denjenigen damit als Glückspilz auf Lebenszeit markiert.

In Großbritannien begießen Daddy und seine Buddies die Ankunft des neuen Erdenbürgers ebenfalls feuchtfröhlich mit dem Brauch *wetting the baby's head.* Allerdings benetzen sie Babys Köpfchen nicht wie bei einer Taufe mit geweihtem Wasser, sondern symbolisch mit einem alkoholhaltigen Gelage, bei dem das Baby nicht mal dabei sein darf. Auch auf Orkney wird dies zelebriert – kein Wunder, gehört die Inselgruppe doch zum trinkfreudigen Schottland. *Weetin' the heed o' the bern,* also die Befeuchtung des Babyköpfchens, bedeutet hier, dass der frischgebackene Vater eine Flasche Whisky spendiert, die er mit den Männern aus der Nachbarschaft kippt. Natürlich nicht aus Jux und Tollerei – das Gelage soll dem orkadischen Neugeborenen Glück bringen, wie der Volksmund beteuert.

Früher übrigens war es Brauch auf Orkney, dass auch der erste Schluck, den das Baby trinken durfte, aus Papas Whiskyflasche stammte. Ein Tropfen davon galt als unfehlbare Prophylaxe für sämtliche Kinderkrankheiten und wurde ihm nach der Geburt mit Hilfe eines Teelöffels eingeflößt. Am besten mit einem silbernen, der Glück bescheren sollte. Von diesem Brauch ist nur das Silber übrig geblieben: In Form einer Münze ist es ein beliebtes Geschenk für orkadische Neugeborene.

Auch wenn *Ostfreesenkinner dat eerste Lücht van't Welt seh'n,* ist Zeit für ein rauschendes Fest, das in Ostfriesland unter den Begriffen »Kindskiek« oder »Puppvisiet« firmiert. Der Papa tischt dabei eine besondere Spezialität auf: »Bohntjesopp«, wie die Einheimischen dazu sagen, oder auch »Kinnertön«. Das ist ein Begriff aus dem Plattdeutschen und hat mit einer gemeinen Bohnensuppe so gar nichts zu tun. Bei der Spezialität handelt es sich vielmehr um ein Gesöff aus Branntwein, Rosinen und Zucker.

Rezept

Ostfriesische Bohntjesopp: Mit Likör ist nichts zu schwör

Der werdende Vater setzt das leckere Gesöff in der Regel zehn Tage vor dem errechneten Geburtstermin auf, manchmal sogar noch früher, und braucht dafür (für zehn Personen):

- 250 Gramm Rosinen
- 125 Gramm Kluntjes (Kandiszucker)
- 1 Liter Ostfriesischen Branntwein

Zubereitung

Der Papa wäscht die Rosinen mit warmem Wasser ab, entfernt gegebenenfalls Stiele, lässt sie abtropfen und gibt sie mit dem Branntwein in einen verschließbaren Behälter.

Den Kandis löst der Chef de cuisine in heißem Wasser auf und gibt ihn erkaltet zum Branntwein dazu. Er verrührt alles und verschließt den Behälter.

Frühestens nach drei Tagen, wenn die Rosinen groß sind wie Weintrauben, ist das Getränk bereit für Papa und seine Freunde. Besser ist es, noch länger mit dem Genuss zu warten. Die Gäste trinken die Bohnensuppe traditionell aus henkellosen Miniaturteetassen, den *Branntwienskopjes.* Die Rosinen fischen sie mit dem beigelegten Teelöffel aus dem Drink. Und Vorsicht: Die Einlage hat es buchstäblich in sich. Die Gäste lassen das Auto anschließend am besten stehen und torkeln zu Fuß nach Hause.

Bei den Begrüßungskomitees anderer Regionen und Kulturen steht nicht nur Kumpel Alkohol mit auf der Matte, anderswo wird auch gegessen und autofahrerfreundlich getrunken. In türkischen Familien sind in den ersten Tagen nach der Entbindung nur Besucher aus dem engsten Familienkreis erwünscht. Sie und die Wöchnerin genießen bei der Erstbesichtigung des Säuglings das traditionelle Lohusa Şerbeti, ein süßes Getränk aus Wasser, Zucker, Zimt, Nelken und roter Lebensmittelfarbe. Auch bekommen die Gäste kleine Aufmerksamkeiten wie Schokolade oder Gewürze. Im Gegenzug haben sie Goldmünzen oder Kleidung im Gepäck. In manchen türkischen Gegenden ist es zudem Brauch, dass Nachbarn und Freunde bei ihrem ersten Besuch Augenbrauen und Haare des Neugeborenen mit Mehl bestäuben. Sie wünschen ihm durch dieses Ritual, er möge so alt werden, bis die Haare auf natürliche Weise so weiß sind wie das Mehl.

In den Niederlanden bekommen die Gäste der Anfangszeit traditionell runde Zwiebäcke zu knabbern, die mit überzuckerten Anissamen in Rosa oder Hellblau belegt sind. Die Snacks heißen *beschuit mit muisjes,* »Zwieback mit Mäuschen«. Ist der frischgebackene Vater in der Arbeit, ist es Aufgabe einer Wöchnerinnen- und Säuglingspflegerin (siehe Seite 171), die zuckerigen Brote zuzubereiten und anzubieten. In Holland entbinden viele Mütter zu Hause, doch sollten sie aus irgendwelchen Gründen im Krankenhaus sein, würden sie auch dort ihren Besuchern Mäuschen-Zwieback anbieten.

Woher der Brauch kommt, ist unklar. Manche denken, dass die *muisjes*-Mäuschen ein Symbol für Fruchtbarkeit sind. Anissamen sind mit einem winzigen Anhängsel ausgestattet, das mit viel Fantasie Mäuseschwänzchen ähnelt. Daher habe man diese überzuckerten Streusel wahrscheinlich *muisjes* genannt.

Süß wie das Neugeborene ist auch der Snack, den flämische Neu-Eltern ihren Gästen reichen. In einem Döschen servieren sie Mandeln, die mit gefärbtem Zuckerguss überzogen sind. Das süße Fingerfood steht für neues Leben und Fruchtbarkeit.

Im manchen Ortschaften Oberbayerns handelt es sich bei der Bewirtung anlässlich des Babybesuchs nicht gerade um einen handlichen Snack, sondern um eine gleich mehrere Meter lange Köstlichkeit. Beim sogenannten Weisertweckenfahren zur Geburt des Stammhalters, also des erstgeborenen Sohnes einer Familie, besorgen Nachbarn und Freunde der Familie einen speziellen Wecken, was eine bayerische Bezeichnung für einen Laib Brot ist. Beim Weisertwecken handelt es sich in der Regel um einen geflochtenen Weißbrotteig, der zum Nusszopf wird. Je strammer der Stammhalter, desto länger fällt die Köstlichkeit aus: Pro 500 Gramm Geburtsgewicht tischen die Babybesucher einen Meter Weisertwecken auf. Für ein Neugeborenes mit einem Gewicht von 3,5 Kilo gibt es also einen sieben Meter langen Brot-Nusszopf. Die Freunde und Nachbarn transportieren ihn häufig auf einer Holzleiter zum Haus der Familie, die wiederum auf dem Anhänger einer Kutsche oder eines Traktors liegt. Geschmückt ist der Wecken auf bayerische Art mit blau-weißen Bändern. Am Transportgefährt ist häufig zusätzlich eine Wäscheleine angebracht, an der Babykleidung, Fläschchen und andere Geschenke hängen.

Freunde und Nachbarn begleiten den Wecken durch den Ort zum Haus der jungen Familie. Bei der Übergabe des ungewöhnlichen Stangen-Baguettes tragen sie ein Gedicht vor, zum Beispiel:

»Der Gartenverein gibt eich heit die Ehr',
da bringt's doch glei des Baby her,
damit ma seh' ko, des is g'wiss,
dass es ja a Buabal is.«

Doch Vorsicht: Der Weisertwecken bringt erst Glück ins Haus, wenn er darin verstaut ist. So will es die Tradition – auch wenn dafür Kräne oder sonstige Hilfsmittel nötig sind. Ist der riesige Brotstengel an seinem Bestimmungsort angelangt, verspachtelt ihn die Gesellschaft und trinkt dazu

Kaffee oder Alkoholisches. Der Weisertwecken symbolisiert Brot, das nie zur Neige gehen soll – und eins ist gewiss: Er sättigt erst einmal eine große Gesellschaft.

Davon, zum Weisert zu gehen, sprechen übrigens auch Niederbayern, Schwaben und Österreicher – immer dann, wenn sie eine Mutter und ihr Neugeborenes besuchen, um Glück zu wünschen und Geschenke zu bringen.

In China gibt es bei der Babybesichtigung ebenfalls reichlich zu essen, oft findet die erste Begegnung mit Freunden und Verwandten sogar bei einem Dinner im Restaurant statt, im Rahmen einer Feier namens Man Yue, was »Vollmond« bedeutet. Sie steigt exakt einen Monat nach Babys Geburt. Die Gründe dafür, dass die Eltern ihr Baby vergleichsweise spät präsentieren, liegen in der Vergangenheit. Früher, als die Säuglingssterblichkeit hoch war, warteten sie erst einen Monat ab, bis sie sich unbeschwert über die Geburt ihres Nachwuchses freuten, und zeigten ihn erst, wenn er über den Berg war. Nach einer Frist von 30 Tagen aber waren sie beruhigt und stellten das Baby reihum vor.

Die Man-Yue-Festivitäten haben in China einen ähnlich hohen Stellenwert wie der erste Geburtstag des Babys. Sie markieren den Start seines gesellschaftlichen Lebens. Schön herausgeputzt bekommen es Freunde und Verwandte erstmals zu sehen. Häufig trägt es neue Kleidung in der Glücksfarbe Rot. Als Give-away bekommen die Gäste traditionell rot gefärbte Eier und sauer eingelegten Ingwer. Die Eier symbolisieren Glück, Fruchtbarkeit und den sich wiederholenden Lauf des Lebens. Der Ingwer ist wegen eines Wortspiels ein beliebtes Geschenk: In einem chinesischen Dialekt klingt das

Wort für »sauer« wie »Enkel«. Die saure Köstlichkeit steht für die Geschwister, die noch in Planung sind. Die Gäste bringen im Gegenzug goldene Armbänder, Ketten und Bargeld in roten Umschlägen mit. Gerade von Großeltern erwartet die junge Familie, dass sie Goldschmuck schenken.

Gold und Geld: Die Geschenke

Auch das Jesuskind hat Geschenke zur Geburt bekommen. Die Heiligen Drei Könige höchstpersönlich sind weit gereist, immer dem Stern am Himmel hinterher, um ihre Gaben zu bringen: Gold, Weihrauch und Myrrhe.

Gold rangiert auf der Beliebtheitsskala der Geburtsgeschenke auch nach gut 2000 Jahren ganz oben. In der Türkei ist es üblich, dass Besucher dem Neugeborenen eine Goldmünze mitbringen. Auch in Griechenland schenken Gäste Gold, manchmal legen sie auch Geld ins Bettchen oder in den Kinderwagen. In Trinidad und Tobago geben Besucher dem Neugeborenen die Geldscheine sogar selbst in die Hand, mit den besten Wünschen für ein erfolgreiches Leben.

In Finnland gibt es zwar keinen heiligen König, der die Neugeborenen beschenken könnte – aber sowas ähnliches: Der Staat fühlt sich dort dafür zuständig, der jungen Familie ein Starterkit zukommen zu lassen. Und was für eins: Das Babypaket, das alle Eltern frei Haus bekommen, sofern sie vor dem 4. Schwangerschaftsmonat bei einem Arzt oder einer Klinik vorstellig waren, ist riesengroß. In der überdimensionierten Pappschachtel stecken unter anderem Kleidung für die ersten Wochen und Monate, vom Body bis zum Schnee-Overall, Bettwäsche, Kosmetik, Spielzeug und sogar eine Matratze in Größe der Pappschachtel. Dies ist auch der Grund, warum viele finnische Babys zunächst in einem Karton statt in einem Bettchen schlafen: Mit der Matratze im Boden wird die Pappschachtel zur ersten Schlafstätte für das Neugeborene. Auch Kondome sind im Starterkit enthalten, damit das Geschwisterchen erst kommt, wenn das Baby aus dem Gröbsten raus ist.

Dass der Staat die Erstausstattung schenkt, hat in Finnland eine lange Tradition: Seit 1938 gab es die vielen Geschenke zunächst für bedürftige Familien, seit 1949 erhalten alle finnischen Mütter die Kiste. An Stelle des Pakets können sich Eltern auch einen Zuschuss über rund 140 Euro auszahlen lassen, der Wert der Geschenke aber ist um ein Vielfaches höher. Das Paket wird jedes Frühjahr neu zusammengestellt.

Auch der britische Prinz William und seine Kate haben kurz vor der Geburt ihres ersten Kindes dieses Präsent des finnischen Staates erhalten. Darüber, dass auch in ihrem Karton Kondome enthalten waren, sagte eine Sprecherin der finnischen Botschaft in London: »Ich glaube, damit sollen die werdenden Mütter daran erinnert werden, dass sie nach der Entbindung wieder schwanger werden können.«

Kurz vor der Geburt hätte sich in China indes niemand über solch ein Paket gefreut. Im Reich der Mitte dürfen Geschenke erst eintrudeln, wenn das Baby geboren ist. Die Gratulanten würden ansonsten nicht nur Aufmerksamkeiten, sondern auch Pech ins Haus bringen. Zudem würden sie mit zu vielen Vorab-Kleidungsgeschenken die Großmutter mütterlicherseits beleidigen: Sie ist für die Erstausstattung des Babys zuständig. Einen Monat vor dem Entbindungstermin bringt sie einige wenige Klamotten für das ungeborene Enkelkind vorbei, um es langsam aus dem Mutterleib zu locken. Nach der Geburt rückt sie mit der kompletten Erstausstattung an.

In Singapur können Schenker durch eine gut gemeinte Aufmerksamkeit ebenfalls einen riesigen Fauxpas begehen: Hier dürfen auf keinen Fall Geburtskarten oder andere Geschenke mit dem in Deutschland beliebten Motiv eines Klapperstorchs im Haus der jungen Familie landen – er ist ein Symbol des Todes.

In Japan haben Eltern und Großeltern beim Geschenk zur Geburt eines Mädchens bereits dessen Hochzeit im Blick. Sie geben ihm zur Geburt oder spätestens zum ersten Geburtstag ein spezielles Puppenset, das die Familie jedes Jahr beim sogenannten »Puppenfest« präsentiert (siehe Kasten). Oft erhalten die Mädchen dabei gar keine neuen Puppen, sondern wertvolle alte, die sich oft schon seit Jahrhunderten im Familienbesitz befinden und nicht nur materiellen, sondern auch ideellen Wert haben.

Gut zu wissen

Japanisches Puppenfest: Feiertag für kleine Prinzessinnen

Alle Jahre wieder lassen Japaner die Puppen tanzen: Am 3. März feiern sie Hina Matsuri, was »Puppenfest« bedeutet.

Bereits seit der Edo-Zeit (1603 bis 1868) steigt das beliebte Mädchenfest.

Die Vorbereitungen hierfür beginnen meist zwei Wochen zuvor. Die Familien stellen in Haus oder Wohnung auf einer mit rotem Filz ummantelten Stufenpyramide die Puppen ihrer Töchter auf. Die Puppen sehen aus wie ein Kaiserpaar samt Hofstaat aus der Heian-Zeit (794 bis 1185) und werden in einer bestimmten Reihenfolge auf bis zu acht Stufen präsentiert. Manche Familien können es sich jedoch nicht leisten, einen ganzen Hofstaat zu besitzen. Die abgespeckte Ausstattung besteht nur aus Kaiserin und Kaiser.

Wer das Komplettset hat, stellt die Herrscher in zeremonieller Tracht auf die oberste Stufe, darunter die Hofdamen, eine Stufe tiefer Musiker mitsamt ihrer Instrumente, darunter bewaffnete Wächter und schließlich Kammerherren. Komplett ist das Set mit 15 Puppen plus Möbeln und weiterem Zubehör.

Die Japaner glauben, dass die Puppen böse Geister in ihren Körpern einschließen, die daher nicht mehr zu ihren Besitzerinnen, den unverheirateten Mädchen, gelangen.

Zum Fest laden die Eltern gleichaltrige Freunde ihrer Töchter ein und servieren der jungen Gesellschaft süßen, alkoholfreien Sake, Reiscracker und Reis. Freunde und Verwandte beten an diesem Tag für das Glück und das Wohlergehen der Mädchen.

Nach dem 3. März werden die Puppen wieder für das kommende Jahr eingepackt. Räumen die Familien den Miniaturhofstaat erst spät weg und nicht gleich im Anschluss an das Fest, provozieren sie damit eine späte Hochzeit der Tochter. Bis diese jedenfalls unter die Haube kommt, muss sie gut auf die Puppen aufpassen: Sie sind Teil der Mitgift.

Essen, Pflege, Schlafen, Transport

Alltag in Babyhausen

Stillen, Waschen, Wickeln, Schlafen – überall dasselbe? Nein, ganz und gar nicht! Auch im alltäglichen Umgang mit dem Baby haben sich in allen Kulturen eigene Wahrheiten und Weisheiten herausgebildet, jedes Land, ja jede Familie handelt so, wie sie es für richtig hält. Dabei wird eines deutlich: Es gibt keinen Königsweg, Babys großzuziehen.

Ernährung: Von Zaubertränken und süßer wie saurer Breikost

Muttermilch ist exklusiv und wertvoll. Bestimmt ist es der Zaubertrank, in den Obelix einst gefallen ist, denn sie macht stark, vertreibt Allergien, Neurodermitis, Asthma. Sie soll sogar verhindern, dass das Baby später zum Pummelchen mutiert. Zugegeben, bei Obelix hat das nicht geklappt. Dennoch, Stillen bindet Mutter und Kind, die Milch ist keimfrei, perfekt temperiert und quasi auf Knopfdruck verfügbar. Die Mütter mancher Länder stillen, bis der Schulbus kommt, andere warten erst ein paar Tage, bis sie überhaupt damit anfangen, und hören bald wieder auf. Je nach Kultur servieren Mütter zusätzlich zu diesem jugendfreien Energydrink eine feste Mahlzeit.

Muttermilch: Das Still-Leben in verschiedenen Kulturen

Bevor die Muttermilch richtig fließt, produziert die Brust Vormilch, Kolostrum genannt. Es sieht nicht lecker aus –

schleimig, dickflüssig und wegen des hohen Proteingehalts manchmal gelblich –, ist aber ein Powerdrink, der seinesgleichen sucht. Was für den Seefahrer Popeye die Extraportion Spinat war, sind für das Neugeborene die pushenden Antikörper im Kolostrum. Leider ist diese positive Wirkung aber nicht überall bekannt. Im Gegenteil, viele Inderinnen und Muslimas etwa halten den Wundertrunk aufgrund der Farbe und der Konsistenz für unrein und zu kräftig für ein Neugeborenes. Die frischgebackenen Mütter versuchen daher, ihre Brust auszudrücken, um ihn loszuwerden, und legen ihr Kind erst nach 24 bis 96 Stunden an – dann, wenn sie die weiße Milch produzieren.

Damit die Neugeborenen in der Zwischenzeit nicht hungern müssen, flößen ihnen indische Mütter eine Mischung aus Honig, Ghee, Pflanzensaft und Goldstaub ein. Ähnlich in Bangladesch: Auch dort setzt die Gesellschaft Kolostrum mit »schlechter Milch« gleich. Die Neugeborenen trinken stattdessen eine Mischung aus Kuhmilch und Honig oder mit Wasser verdünntes Senföl. Im Senegal reichen Mütter ihre Kinder oft an ebenfalls stillende Freundinnen weiter, solange das Kolostrum fließt. Die Neugeborenen trinken dann aus der Brust der anderen Frau.

Wenn Frauen in aller Welt stillen, dann teilweise richtig lange. In Korea beispielsweise bekommt ein Kind in der Regel zwei bis drei Jahre lang Muttermilch verabreicht. Falls nach dieser Zeit kein jüngeres Geschwisterchen nachrückt, darf es häufig sogar sieben oder acht Jahre lang an der Brust trinken. In China oder Japan ist es vielerorts üblich, dass Mütter stillen, bis ihre Kinder vier oder fünf Jahre alt sind.

Dem Koran zufolge soll der Nachwuchs zwei Jahre lang Muttermilch trinken. Lässt sich das Elternpaar scheiden, kann die Mutter für das Stillen sogar eine finanzielle Entschädigung vom Vater verlangen. Während sich moderne Muslimas häufig nicht mehr an diese vergleichsweise lange Stillzeit halten, haben sie in Abu Dhabi kaum eine Alternative dazu: Per Gesetz sind Mütter seit Anfang 2014 verpflichtet, ihre Kinder zwei Jahre lang aus der Brust trinken zu lassen. Diese Verordnung soll die Rechte der Kinder schützen, so die Regierung. Männer können ihre Ehefrauen nun verklagen, wenn diese ihre »mütterliche Pflicht« nicht erfüllen. Mit Einführung des Gesetzes wies die Regierung darauf hin, dass sich Arbeitnehmerinnen in Abu Dhabi ähnlich wie in Deutschland auch während der Arbeit zum Stillen zurückziehen dürfen. Für den Fall, dass eine Frau aus körperlichen Gründen nicht stillen kann, greift der Staat der Familie finanziell unter die Arme, damit sich diese eine Still-Amme leisten kann.

In Lateinamerika hingegen führen Frauen ein eher kurzes Still-Leben, wenn überhaupt. Mexiko gilt nach UNICEF-Angaben als eines der Länder weltweit, in dem Mütter am wenigsten stillen. Für den Griff zur Flasche machen Experten vor allem die Flut von Werbeanzeigen für Babynahrung verantwortlich. Dazu kommt, dass Ärzte zu wenig über die Vorteile von Muttermilch aufklären. Das liegt wohl auch daran, dass sie teilweise von der Industrie bestochen sind. Viele Mittelständlerinnen bevorzugen Fertigmilch auch ganz einfach, weil sie sich diese als eine Art Statussymbol leisten können.

Generell gehen lateinamerikanische Mütter häufig davon aus, dass ihre eigene körperliche Verfassung die Qualität der Muttermilch beeinflusst. Sind sie gestresst, führe das zu *leche agitada,* »aufgeregter Milch«, die dem Baby schade. Im Zweifel stillen die Mütter daher ab, bevor sie ihrem Kind Ungenießbares einflößen.

In Brasilien gibt es wiederum eine Gegenbewegung hin zum Stillen, die auch »von oben« befeuert wird: Dort ließ die Regierung die Werbung von Babynahrungsherstellern limitieren. Zur Hauptsendezeit laufen nun stattdessen Sendungen, in denen Prominente mit dem Irrglauben aufräumen, Frauen mit kleiner Oberweite würden zu wenig Milch produzieren.

Derartige PR hat Muttermilch in anderen Ländern nicht nötig. Es gibt auch Völker, in denen Kinder von der Brust trinken, weil die Eltern dem eine große symbolische Bedeutung beimessen. Bei den Massai etwa tauschen ehemals verfeindete Stämme die Ammen, damit diese die Kinder des jeweils anderen Grüppchens stillen. Das macht den Friedenschluss perfekt.

In islamisch geprägten Ländern entsteht zwischen Kindern, die von denselben Ammen gestillt werden, sogar eine Verwandtschaft: Trinken zwei Kinder aus derselben Brust, gelten sie als »Milchgeschwister«, die leiblichen Geschwistern gleichgestellt sind. Eine Folge davon ist, dass sie nicht heiraten dürfen, auch wenn sich ihre Eltern noch nie gesehen haben. Diese Verwandtschaftsverhältnisse können schwerwiegende Folgen haben: Weil in kleineren Dörfern Saudi-Arabiens manchmal einige wenige Ammen die Kinder aus mehreren Familien stillen, haben es junge Menschen oft schwer, Heiratskandidaten zu finden. Im Jahr 2008 hat ein Mann aus Saudi-Arabien seine Ehefrau verstoßen, weil er herausgefunden hatte, dass sie beide einst von derselben

Amme gestillt worden waren. Seinem Glauben zufolge hatte er seine Schwester geheiratet und somit Inzest betrieben. Die beiden haben vier Kinder.

Ticker-Info

Abstillen: Milch bis zum bitteren Ende

Manchmal ist die Stillzeit zu Ende, weil das Kind nicht mehr trinken mag, manchmal versiegt die Milch einfach so. Manche Frauen nehmen hingegen Medikamente, damit sie verschwindet. In Afrika wiederum garnieren Mütter ihre Brüste mit Pfeffer oder anderen scharfen oder bitteren Gewürzen, um ihre Kinder zu entwöhnen.

Nachgefragt bei Gudrun von der Ohe, Ärztin und Mitarbeiterin im Europäischen Institut für Stillen und Laktation aus Hamburg

Männer und Frauen, die von derselben Amme gestillt wurden, gelten im Islam als Geschwister und dürfen einander nicht heiraten. Ist das aus gutem medizinisch-genetischem Grund so?

» Es muss dafür eher andere Gründe als medizinische oder genetische geben. Die Ungeborenen erhalten in den letzten Schwangerschaftswochen Leihantikörper von ihren Müttern. Muttermilch unterstützt nach der Geburt das Immunsystem der Säuglinge. Sie werden seltener krank, wenn sie gestillt werden. Bei Kontakt der Mutter mit Keimen kommt es zur aktiven Migration von Lymphzellen in die Brust und in die Muttermilch. Dauerhafte Antikörper muss das Baby allerdings selbst bilden. Damit das passiert, sind zudem Antigene notwendig wie etwa Viren und Bakterien. Diese sind oft in derselben Umgebung, im selben Haus, im selben Dorf identisch. Nachbarskinder bilden somit häufig ohnehin dieselben Antikörper, auch wenn sie gar nicht oder nicht von derselben Frau gestillt werden.

Allerdings weiß man seit Anfang dieses Jahrhunderts, dass die Muttermilch epigenetische Effekte hat. Das heißt: Sie schaltet gewisse Gene in der Magen-Darm-Schleimhaut an oder aus. Diese Erkenntnis ist jedoch deutlich jünger als der schon lange bestehende islamische Brauch. Auch ist für die epigenetischen Effekte vor allem das Kolostrum verantwortlich, die Milch der ersten Stunden, die meines Wissens nach im Islam als unrein gilt. Milchgeschwister werden das Kolostrum daher eher nicht bekommen.«

Feste Nahrung: Der erste Brei für das junge Gemüse

Immer nur Milch? Dann hat das Kind ja noch nichts gegessen! So scheinen viele Eltern in einigen Regionen der Welt zu denken. Sie tischen von Anfang an zusätzlich zur Muttermilch festere Nahrung auf. Bei den Massai etwa bekommen Babys gleich nach der Geburt und noch vor dem ersten Schluck aus Mamas Brust einige Teelöffel mit Butter oder Sahne serviert. Und so geht es weiter: Die Mütter der ostafrikanischen Volkes schwören darauf, dass eine tägliche Tasse Fett beim Großwerden hilft, die sie dem Baby vom ersten Tag an einflößen.

Auch die kenianischen Turkana setzen auf Fett und verabreichen dem Neugeborenen während der ersten sechs Lebensmonate zusätzlich zur Muttermilch jede Menge Butter. Ab dem Alter von vier Monaten stehen auf Babys Speiseplan zudem Kamel- und Ziegenmilch, mit etwa zehn Monaten zusätzlich Schmalz und fettes Fleisch. Im Alter von 15 Monaten schließlich ist das Kind alt genug, um Blut zu kosten – ein Grundnahrungsmittel vieler Hirtenvölker.

Weniger Deftiges servieren die Moslems in Bangladesch ihren Neugeborenen: Diese bekommen Süßes, und das ebenfalls bereits am ersten Lebenstag. Es soll Glück bringen und dafür sorgen, dass das Baby Süßes von sich gibt.

Wenn das stimmt, ist davon auszugehen, dass auch malaysische Babys Süßes produzieren: Viele von ihnen bekommen ebenfalls bereits in der ersten Lebenswoche Brei aus gekochten Bananen oder gezuckertem Reis. Muttermilch alleine, so der verbreitete Volksglaube, reiche nicht aus, um ein Baby zu stärken.

In Kuba kommt Brei auf den Tisch, sobald die Eltern das Gefühl haben, dass das Baby ihn hinunterkriegen könnte. Meist ist dies nach drei oder vier Lebensmonaten der Fall.

Weil sich die Kubaner nur schwerlich vorstellen können, dass auch Ungewürztes schmeckt, wird der pürierte Babybrei aus der kartoffelähnlichen Malanga, Flaschenkürbis, Bananen und Fleisch in der Regel mit Knoblauch, Salz und Öl abgeschmeckt.

Und wenn es zum Zerkleinern weder Messer noch Gabel und schon gar keinen Pürierstab gibt? Dann ersetzen Mütter diese Utensilien mit ihrem Mund und kauen das Essen vor. Die »Mund-zu-Mund«-Fütterungsmethode existiert nicht nur in Afrika, sondern in der ganzen Welt. Eine Studie aus China aus dem Jahr 2010 etwa zeigt, wie verbreitet von der Mutter vorgekautes Essen im Land der Mitte ist: 63 Prozent der Studenten, die an der Studie teilgenommen haben, haben in ihrer Kindheit Nahrung aus dem Mund der Mutter bekommen.

Auch die Babys der Inuit haben ihren persönlichen Vorkoster. Haben ihre Mütter die Nahrung zerkleinert, füllen sie ihren Mund mit Wasser, um schließlich den verflüssigten Brei in Babys Mund laufen zu lassen. Ebenso füttern die Yafar in Neuguinea ihre Babys und verabreichen ihnen auf diese Weise vorgekauten und verflüssigten Fisch, geköpfte Maden oder Leber. Mediziner warnen allerdings vor diesem Geschnäbel, denn kranke Mütter könnten auf diese Weise etwa HIV oder Hepatitis B auf ihre Kinder übertragen. Auch Karies hat bei dieser Methode leichtes Spiel und wandert potenziell von Mutter zu Kind.

Gut zu wissen

Der erste Reis in Indien: Kleiner Löffel, großes Fest

Nein, einfach so gibt es in vielen Teilen Indiens nichts auf Babys Löffel. Die erste feste Mahlzeit des Säuglings ist im Hinduismus ein Grund zum Feiern, es gibt zum ersten kleinen Löffel ein großes Fest, das Annaprashan genannt wird. Diesen bedeutungsvollen ersten Reis samt Ritual bekommen Jungen in der Regel in einem geraden Monat verabreicht, im sechsten oder achten, und Mädchen in einem ungeraden, im fünften, siebten oder neunten. Oft begleitet eine Zeremonie im Tempel diesen Übergang von flüssiger zu fester Nahrung, seltener feiern die Eltern zu Hause. Das Baby statten sie hierfür mit neuer Kleidung aus – die nach dem ersten Löffel Brei vielleicht nicht mehr ganz so schick aussieht. Freunde und Familie sind eingeladen, dabei zu sein.

Wie es sich für ein Kinderfest gehört, gibt es auch Spielchen. Auf dem Boden sind hierfür fünf Gegenstände aufgebaut. Das Baby wendet sich der Sache zu, die für seine Zukunft bedeutsam ist. Krabbelt es etwa zu einem Schmuckstück, wird es später reich sein. Greift es zum Buch, dürfen sich die Eltern auf ein in der Zukunft gut ausgebildetes Kind freuen. Widmet es sich stattdessen einem Stift, ist eine tolle Karriere vorgezeichnet. Ein Sack Erde symbolisiert Grundbesitz. Mag es lieber einen Teller mit Essen anfassen, wird es zum Genießer.

Letzterem dürfte das erste feste Mahl natürlich besonders schmecken: Üblicherweise kriegt das indische Kind zur Annaprashan-Feier Reis mit etwas Butterschmalz kredenzt, manchmal auch Dal (Linsen).

Alles für'n Popo: Windeln jeder Couleur

Durchschnittlich 5000 Wegwerfwindeln trägt ein Baby, bis es selbst auf die Toilette geht. Das entspricht einer knappen Tonne Abfall. Eine Menge Holz! Manche Familien greifen daher auf Stoffwindeln zurück. Damit die Mütter dann nicht nur mit Waschen beschäftigt sind, gibt es in vielen Ländern Unternehmen, die die nassen Tücher holen, waschen und wiederbringen. Komplett windelfreie Konzepte dürften indes keine wirkliche Alternative für die meisten westlich orientierten Familien sein. Dabei gibt es viele Kulturen, die auch wunderbar ohne Pampers, Babylove und wie sie alle heißen zurechtkommen. Die folgenden Seiten werfen einen Blick auf die Kehrseiten der Babys aus aller Welt.

In China legen immer mehr Großstadtmamis ihren Sprösslingen Wegwerfwindeln um. Häufiger zu sehen sind jedoch nach wie vor spezielle Schlitzhosen. Durch ein Loch im Schritt verrichten die Kleinsten ihr Bedürfnis, ohne die Kleidung in großem Maße zu verschmutzen. Wenn die Kinder alt genug sind, setzen sie sich zur Verrichtung ihres Geschäfts auf Boden, Gehweg – oder wo immer sie auch sind. Kleinkinder genießen im Reich der Mitte Narrenfreiheit, daher nimmt ihnen das meist niemand übel. Auch die Eltern bleiben gelassen: Sie verwischen die Spuren mit einem Besen oder einem Stock, und gut. Manchmal sorgen hungrige Hunde dafür, dass keine Reste mehr zu sehen sind.

Ein ähnliches Konzept verfolgen die sibirischen Tschuktschen. Ihre Babys stecken in Anzügen aus warmem Fell, die am Popo geschlitzt sind. Darunter tragen sie eine Lederwindel. Der Schlitz ist praktisch: Mütter und Väter wechseln darüber die Windel von außen, sie müssen die Babys dabei nicht aus- und wieder anziehen. Gepolstert ist die Lederwindel mit Moos, das die Flüssigkeit aufsaugt.

Ähnlich wickeln die nahe gelegenen Korjaken: Die Anzüge ihrer Kleinsten sind am Rücken mit einer Art Klappe ausgestattet, in welche die Eltern Moos oder Späne als Windel schieben und über die sie Beschmutztes wieder herausholen.

Natur pur auch im Jemen: Dort legen Mütter und Väter schleimhaltige Pflanzen um die Popos ihrer Kleinsten. Damit diese Konstruktion nicht verrutscht, binden sie Tücher um die ökologisch wertvollen Pampers. Bei nordafrikanischen Hirten dient dagegen getrockneter und zu Staub gestampfter Kamelkot als Windel. Ist dieser gut platziert an Babys Rückseite, wird der kleine Spatz weder feucht noch wund. Auf ähnliches Material schwören die tibetanischen Amdo: Sie stecken das Baby in einen Ledersack, der mit einer bunten Mischung aus Kuh- und Schafskot gefüllt ist. Der Sack fängt die Ausscheidungen des Babys auf. Und keine Sorge: Der trockene Mist der Tiere stinkt nicht.

Eine Spezialkonstruktion hält auch afghanische Babypopos sauber. Die Mütter umwickeln die Säuglinge mit Tüchern und platzieren zwischen den Beinchen Holzröhrchen. Diese gibt es in verschiedenen Ausführungen, speziell angefertigt jeweils für Mädchen und für Jungs. Sie lassen den Urin über ein Loch in der Wiege in eine Schüssel am Boden laufen.

Hübscher sind die Windeln in Sambia und anderen Ländern Afrikas anzusehen. Hier kommen bunte Wachstücher für alle nur denkbaren Zwecke zum Einsatz, als Tragetuch fürs Baby, als Kleidung für die Mutter, als Tischtuch, Schal – und so fort. In Stücke zerteilt werden sie zur Stoffwindel. Kommt die Mutter am Fluss vorbei, wäscht sie diese jedes Mal aus.

Und dann gibt es noch Länder, in denen Babys komplett windelfrei aufwachsen, etwa in manchen Regionen Afrikas oder Südamerikas. Bei den Yanomami im brasilianischen Regenwald etwa setzen Mütter ihre nackten Babys in einen Riemen, den sie sich um die Schulter legen. Das Baby ist auf diese Weise stets ganz nah am Körper. Durch den engen Kontakt kennen die Mütter die Körpersprache der Babys so gut, dass sie aufgrund kleinster Bewegungen spüren, wenn das Kleine mal muss. Sie halten es dann mit Abstand von sich oder setzen es auf die Fußknöchel. Und wenn doch mal ein Malheur passiert und die Mutter beschmutzt ist? Was soll's!

Wenn die Kinder schließlich ein wenig älter sind, gibt es etwa in Kamerun ein besonderes Töpfchentraining für sie: Regelmäßig setzen die Mütter sie auf ihren eigenen Füßen ab und fordern die Kleinen mit Zischlauten zum Pinkeln auf.

In Indien startet das Pinkeltraining ebenfalls früh: Mütter und Väter halten ihre erst wenige Monate alten Babys übers Töpfchen und machen Geräusche wie zum Beispiel

»ssssshhhh«. Irgendwann checkt das Kind, was von ihm verlangt wird – und tut den Eltern den Gefallen.

Klar kann es vorkommen, dass Mamas und Papas in windelfreien Ländern wie, pardon, Bahnhofstoiletten riechen. Ein Lied aus Togo vergleicht daher üblen Gestank mit einer »Frau, die ein Baby hat«. Manchmal kaschieren Mütter die Gerüche denn auch: Bei den Dogon in Westafrika etwa tragen sie lange Ketten aus Gewürznelken, die für besseren Duft sorgen.

Gut zu wissen

Pulleralarm: Windelfrei liegt im Trend

In Deutschland wird in manchen Kreisen zum Trend, was in vielen Kulturen stinknormal ist – die Erziehung ohne Windeln. Es geht den Verfechtern der Windelfrei-Bewegung hierzulande nicht um eine möglichst schnelle Sauberkeitserziehung, sondern um Bindung und darum, dem Baby ein gutes Körpergefühl und ein eigenes Tempo zuzugestehen. Der Umweltgedanke spielt auch eine Rolle.

Eltern, die wickeln, erlauben in Deutschland ihren Kindern in der Regel ebenfalls ihre eigene Geschwindigkeit. Meist geben Kinder um den dritten Geburtstag herum ihre Windel auf.

In Kuba dagegen sind die Kinder deutlich früher windelfrei: Meist mit eins oder eineinhalb. Dies könnte daran liegen, dass sie fast nur Stoffwindeln tragen, die sich weniger gut anfühlen als Wegwerfwindeln – ganz einfach, weil sie nasser sind. Sie wollen sie vermutlich schneller loswerden.

Feuchtfröhlich: Babys beim Baden

Milch und Olivenöl – mehr braucht es nicht als Zusatz für Babys erstes Bad. So lautet die Empfehlung vieler deutscher Hebammen. Bei den Tuareg im Niger indes klingen die ersten Badezusätze weniger rein: Sie fügen Kameldung und Ziegenkot ins Wasser, das sie den Neugeborenen bereiten. Die Ewe in Togo hingegen ergänzen es mit einem Korken und einem Tierknochen. Was die Naturvölker durch diese ungewöhnlichen Beigaben bezwecken? Es heißt, dass derart gebadete Kinder später viele Viehherden besitzen und dass sie leichtes Spiel mit ihren Feinden haben werden.

Wenn sich an Babys Körpern unangenehme Gerüche festsetzen, schaffen die Douala in Kamerun Abhilfe: Sie reiben den Nachwuchs nach dem Bad am ganzen Körper mit einem lebenden Hahn ab. Wie eine Seife entfernt er alle möglichen und unmöglichen Düfte.

Auch die Neugeborenen der Yafar Neuguineas kriegen zur Reinigung eine Abreibung verpasst. Während der ersten drei Lebenswochen waschen ihre Mütter sie nicht mit Wasser, sondern rubbeln ihre Haut mit rauen Blättern ab. Von dieser peelt sich schließlich die von der Geburt beschmutzte oberste Schicht.

Gleich zweimal pro Tag, morgens und abends, waschen Mütter des Dogon-Stammes in Mali ihre Neugeborenen. Die Frauen sitzen dabei auf einem Hocker, die Babys liegen mit den Bäuchen nach unten auf ihren Schenkeln. Jetzt erhalten die Kleinen eine Ganzkörpermassage, vom Ohrläppchen bis zum kleinen Zeh. Die Mütter strecken und dehnen die Muskeln der Babys – und waschen deren Körper schließlich mit lauwarmem Wasser ab.

Noch ungewöhnlicher ist die Art, auf die Mütter bei den Wayapi Guyanas ihre Babys waschen. Sie befüllen ihre Münder mit Wasser und lassen es daraus auf ihre Kinder rieseln. Ebenso wärmen die Massai die Dusche für ihre Kinder vor: Mit einem warmen, langen Wasserstrahl aus ihrem Mund säubern sie den Nachwuchs. Die Batak Sumatras hingegen sprühen das Wasser lieber aus dem Mund auf die Babys.

Zum Abschluss der Badezeremonie nehmen sich indische Frauen noch die Körperöffnungen ihrer Kinder vor. Die Mütter saugen an Ohren, Nasen, Augen und Mündern, um Schleim und Schmutz herauszubekommen. Ähnlich läuft die Körperinspektion in vielen Gegenden Afrikas ab: Mütter blasen dort ihren Kleinsten Wasser in die Nase. Danach stülpen sie ihre Lippen darum, um das Riechorgan wieder freizusaugen. Auch in den After pusten sie Wasser – eine Maßnahme, die angeblich vor Verstopfung schützt.

Statt eines Bades mit Wasser oder im Anschluss daran halten Mütter in Australien, Afrika und Indien ihre Babys in Rauch. Sie heben ihren Nachwuchs über eine Feuerstelle oder über kokelnde Kohle. Der Rauch lässt ihn schneller trocken werden. Auch soll der Kokelgeruch Dämonen vertreiben. Sofern der Rauch etwa wie in Indien nach Weihrauch duftet, parfümiert er das Baby. Beliebt ist in Indien auch der Rauch von Sambrani, eines gelblichen Harzes, welches aus dem Saft des Sal-Baumes gewonnen wird.

Weniger angenehm ist das Bad der Babys der Maya in Guatemala: Egal wie sehr sie schreien, sie kriegen nur kaltes Wasser auf die Haut. Dies fördere den Schlaf. Womit wir bei einem der wichtigsten Themen für junge Familien wären, um das es auf den folgenden Seiten geht.

Guten Abend, gute Nacht: Das Sandmännchen international

Schlafen ist das Thema Nummer eins, wenn frischgebackene Eltern auf dem Spielplatz diskutieren. Es ist aber auch unfair: Es gibt Wunderkinder, die bereits von Geburt an durchschlafen. Und andere, die ihre Eltern monate- oder gar jahrelang im Zwei-Stunden-Takt auf Trab halten. Jedes Volk, ja sogar jedes Elternpaar entwickelt dann Theorien, warum es nicht besser klappt und ob es besser wäre, das Kind alleine schlafen zu lassen oder inmitten der Großfamilie. Die folgenden Seiten bieten eine kleine Nachtlektüre für alle, die jetzt wachliegen.

Ab ins Bett: Einzelzimmer oder Familienschlafsaal?

In fast allen Kulturen schlafen Babys bei mindestens einem Elternteil, und auch ältere Kinder kriechen in der Regel bei Eltern oder bei Geschwistern unter die Decke. Der Westen bildet da eine Ausnahme. In Industrienationen wie den USA oder Deutschland gilt häufig für Kinder an der elterlichen Schlafzimmertür: Wir müssen draußen bleiben. Wenn überhaupt, dann dürfen Säuglinge oft nur ein paar Monate lang in unmittelbarer Nähe von Mama und Papa schlafen. Dies haben sie oft Ärzten zu verdanken, die empfehlen, Babys im ersten Lebensjahr im elterlichen Schlafzimmer ruhen zu lassen. Dies könne dem Plötzlichen Kindstod vorbeugen. Ansonsten sind Eltern oft überzeugt davon, dass jeder besser schlafe, wenn er dies in seinem jeweiligen Zimmer tue – und der Selbstständigkeit diene es auch.

In Asien, Afrika und Südamerika ist es hingegen der Normalfall, dass die Familie das Bett teilt, gerne auch einige Jahre lang. In Japan etwa schlafen Vater, Mutter und Kinder in der Regel dicht an dicht auf dem Boden, auf speziellen Futon-Matratzen. Tagsüber lagern diese zusammengeklappt im Schrank. Dies hat den Grund, dass die Japaner schlicht den Platz brauchen, den ein Bett beanspruchen würde: Die Wohnungen sind zumindest in den Städten in der Regel winzig, der Schlafplatz verwandelt sich daher tagsüber in ein Wohnzimmer. In den größeren Häusern der Reichen oder auf dem Land falten die Japaner tagsüber ebenfalls die Matratzen zusammen, sie freuen sich in diesen Fällen über die Leere. Bis zum Alter von fünf Jahren und manchmal auch bis hinein in die Teenager-Zeit bleiben Kinder nachts bei den Eltern.

Auch im indonesischen West-Java schlummert das Baby direkt neben der Mutter, auf Bambusmatten und unter Decken, die auf niedrigen Holzpritschen liegen. Im zweiten Lebensjahr ist in der Regel eine ältere Schwester des Kindes dafür zuständig, es in den Schlaf zu begleiten. Ab dem vierten Lebensjahr erwarten die Eltern, dass das Kind ohne fremde Hilfe zur Ruhe kommt. Die westliche Art, Kinder bereits im Säuglingsalter allein schlafen zu lassen, kommt Indonesiern unvorstellbar grausam vor. Europäische Babys haben wegen ihrer harten Kindheit deren volles Mitleid.

Ob die Indonesier auch die Kinder Afrikas bedauern, ist nicht überliefert. Diese schlafen in vielen Regionen zwar nicht allein, dafür jedoch umgeben von ziemlichem Lärm, weil die Eltern sie immer dabei haben und überall schlafen lassen. Die Tuareg etwa lassen die Kinder einnicken, wann immer sie wollen. Es kommt daher häufig vor, dass sie spätabends in einer gemütlichen Runde zwischen den Erwachsenen an Ort und Stelle zusammensinken und einschlafen.

In Europa hingegen ringen viele Mütter und Väter zumindest während der Säuglingszeit mit der Frage: Einzelzimmer, Familienschlafsaal oder gar gemeinsames Familienbett? Deutschland würde nicht als Land der Erfinder gelten, wenn es hier nicht eine praktikable Kompromisslösung gäbe: Das Babybay, zu Deutsch »Babybucht«, wurde hier ausgeheckt und ist äußerst beliebt bei jungen Familien. Es handelt sich dabei um ein halbovales Babybett, das sich am Bett der Eltern einhaken lässt. Da es höhenverstellbar ist, liegt das Baby auf gleicher Ebene wie die Eltern und somit wie auf einem dem Bett vorgelagerten Balkon. Wenn die Mutter ihr Kind stillen möchte, muss sie nicht aufstehen, sondern kann es einfach zu sich rollen. Wenn wieder alle schlafen wollen, rollt sie das Baby zurück auf den »Balkon«. Das klappt, bis das Baby alt genug ist, um sich selbst hinüber zu Mama plumpsen zu lassen.

Gleich neben dem Elternbett befindet sich in der Regel auch der Schlafplatz südamerikanischer Babys. Ihr Bett sieht vermutlich weltweit am gemütlichsten aus: Sie schlummern häufig in Hängematten. Das sanfte Schaukeln der in Mexiko, Kolumbien, Brasilien oder bei den Maya beliebten Schlafnetze soll dafür sorgen, dass die Kleinsten darin ruhiger und länger liegen bleiben als in gewöhnlichen Betten oder Wiegen.

Babys Betten sind also in der Regel kuschelig und gemütlich – wir waren allerdings noch nicht im Norden Europas. Dort dürfen sich die Kinder für europäische Verhältnisse zwar während des Nachtschlafs erstaunlich lang im Ehebett einkuscheln: In Norwegen und Schweden soll rund die Hälfte aller Kinder bis ins Vorschulalter bei den Eltern schlafen, in Finnland sogar zwei Drittel. Zum Mittagsschlaf aber sind die Skandinavier hart wie ihre Wikinger-Vorfahren: Dann stellen Schweden, Finnen, Norweger und Dänen ihre Babys gerne draußen ab, sommers wie winters. Es ist daher nicht ungewöhnlich, im winterlichen Stockholm Eltern in Cafés zu beobachten, die ihre klammen Finger an warmen Tassen wärmen, während ihr Nachwuchs bei frostigen Temperaturen vor der Tür im Kinderwagen schlummert. Oft steht der Kinderwagen mitsamt Baby sogar in einer Reihe mit weiteren Kinderwagen samt weiterer Babys. Wer mit seinem Baby skandinavische Freunde besucht, bekommt für den Mittagsschlaf denn auch weder Sofa noch Schlafzimmer angeboten, sondern einen Platz im Garten oder auf dem Balkon. Unsere nordischen Zeitgenossen sind überzeugt davon, dass die frische Luft gesundheitsfördernd für die Babys ist. Gerade im Winter, wenn fiese Erkältungsviren herumschwirren, werden sie durch das Draußenschlafen abgehärtet. Die Kinder seien nach so einem Freiluftnickerchen wacher als wenn sie sich nur im heimischen Wohnzimmer ausgeruht hätten, und ihr Appetit sei auch besser. Wenn die Temperaturen deutlich unter null fallen, haben die Skandinavier ein Einsehen: Dann holen sie die Kinder zwar nicht nach drinnen, aber sie spendieren ihnen zusätzliche Decken.

Auch in den skandinavischen Kinderkrippen heißt es übrigens: Die Harten kommen in den Garten, wobei damit jedes Kind gemeint ist. Auch dort schicken die Erzieher die Kinder in der Regel zum Schlafen nach draußen.

Weil ein Paar aus Dänemark diese Praxis auch im USA-Trip beibehalten hat, konnte es eine ungewöhnliche Facette ihres Urlaubslands kennenlernen: Der vor dem Restaurant geparkte Kinderwagen brachte ihm eine kurzfristige Verhaftung wegen Kindesvernachlässigung ein.

Gut zu wissen

Studie: Babys Schlaf bei den Maya und in den USA

Eine Welt – zwei Universen. Zumindest, was die Umstände des Kinderschlafs betrifft. Die Anthropologin Gilda Morelli hat in einer Studie aus dem Jahr 1992 Verhalten und Meinung von 14 guatemaltekischen Müttern, die den Maya angehören, und 18 weißen nordamerikanischen Müttern der Mittelklasse verglichen. Folgendes hat Morelli herausgefunden:

- Die Mayakinder zwischen 2 und 22 Monaten schliefen allesamt in den Betten ihrer Mütter. Bis zum zweiten oder dritten Lebensjahr wurden sie nach Bedarf gestillt, meist bis kurz vor der Geburt des Geschwisterkindes. Ihre Mütter störte das Stillen nicht, sie wurden gar nicht richtig wach davon.
- Drei der US-Mütter legten ihre Babys bereits von Geburt an in einem eigenen Kinderzimmer zum Schlafen. Keines der 18 Kinder hatte einen festen Platz im Bett der Eltern. Nach drei Monaten schliefen 58 Prozent der Babys in einem eigenen Raum, nach sechs Monaten übernachteten nur noch drei Kinder im elterlichen Schlafzimmer. 17 der 18 Mütter gaben an, dass sie das Stillen als lästig empfänden und sie davon hellwach würden.
- Die Mayaeltern ließen ihre Kinder einschlafen, wenn sie müde waren, ein spezielles Einschlafritual gab es nicht. Viele der Kinder gingen in der Regel zur selben Zeit wie die Eltern ins Bett, die anderen nickten im Laufe des Abends auf dem Arm ein, bei irgendwem. Die zehn Stillkinder der an der Studie beteiligten Mütter schliefen beim Trinken an der Brust ein. Nur eines der älteren Mayakinder brauchte eine Puppe im Bett. Dieses Kind war nicht von Geburt an nachts neben der Mutter, sondern lag erst einige Monate in einer Wiege im selben Raum, bevor es mit ins Ehebett durfte.

- Die amerikanischen Eltern sangen zum Einschlafen Wiegelieder, lasen Geschichten, zogen dem Kind spezielle Kleidung an, badeten es oder spielten mit ihm, um ein Einschlafritual zu etablieren.
- Dass Kinder anderswo nicht ganz nah bei den Eltern schlafen durften, schockierte die Maya-Mütter. Als sie erfuhren, dass die nordamerikanischen Babys in einem anderen Raum untergebracht waren, rief eine von ihnen: »Aber es bleibt jemand bei ihnen, nicht?«

Wiegenlieder: Schlaf, Kindlein, schlaf

Es scheint ein tief verankertes Bedürfnis von Eltern aller Kulturen zu sein, ihre Kinder leise singend und wiegend in den Schlaf zu begleiten. Wenn man bedenkt, wie unterschiedlich die Menschen in sämtlichen Disziplinen mit ihren Kindern umgehen, so ist es umso erstaunlicher, dass sich die Melodien der Wiegenlieder häufig ähneln und uns, egal ob sie aus Burkina Faso oder Schottland stammen, irgendwie bekannt vorkommen. Es handelt sich meist um ruhige Weisen, die, langsam gesungen, das Baby durch den gleichmäßigen Klang und die vielen Wiederholungen einschläfern. Auf Englisch heißt das Wiegenlied übrigens *lullaby,* ein Begriff, der vom lautmalerischen *to lull* (einlullen) kommt.

Oft werden sogar nur einfache Laute wiederholt, man denke an »La, le, lu, nur der Mann im Mond schaut zu«. Koreanische Wiegenlieder haben oft gar keinen Text, sondern werden nur auf *dja-djang* gesungen. Diese einfachen Weisen für kleine Kinder zu singen, um sie in den Schlaf zu begleiten – das ist bei den Hazara in Afghanistan oft die Aufgabe der Mütter. Die Väter hingegen entertainen ältere Kinder beim Zubettgehen mit Liedern, die gute Texte haben, und begleiten sich teilweise mit Instrumenten. Manchmal wird es noch aufwändiger: In orientalischen Ländern wie dem Libanon oder Armenien sind die Melodien der Schlaflieder kunstvoll verziert.

Manchmal improvisieren Eltern auch, mangels Textsicherheit oder weil sie ihren Kindern individuelle Lieder bieten wollen. Der Ehemann der Autorin dieses Buches etwa singt auf der Melodie des vielleicht weltweit bekanntesten Wiegenlieds von Johannes Brahms die hausgemachte Version:

»Guten Abend, gute Nacht,
jetzt wird Heia gemacht,
Heia-Heia-Bettzeit,
jetzt ist es so weit!«

Auch die Inuit singen Freestyle, ihre Lieder bestehen oft nur aus Geräuschen oder kurzen Sätzen. Sie sind oft nur für das spezielle Kind und für den speziellen Abend erfunden.

Meist aber sind die Lieder über viele Generationen hinweg überliefert, sie handeln von Träumen, der Nacht, dem Einschlafen, dem schönen Tag – und sie warnen vor den Widrigkeiten des Lebens oder vor landesspezifischen Gefahren. Ein beliebtes Schlaflied der kenianischen Luo etwa beginnt mit den Worten *»Rock, rock, rock«,* bevor es befürchtet, dass ein Baby, das schreit, eine Beute für die Hyänen darstellen könnte. Diese sind in Kenia eine tatsächliche Gefahr. In Süditalien gibt es Lieder, die den bösen Wolf thematisieren, der dort tatsächlich immer noch lauert.

Und dann gibt es Völker, die ihre Kinder nicht mit leisen Tönen, sondern mit lauten Gesängen in den Schlaf begleiten. Bei den Pygmäen Zentralafrikas etwa erinnern die in die Länge gezogenen Lieder, die der Vater an der Bettkante zum Besten gibt, an feinste Jodler aus der Alpenwelt. Die übrigen Familienmitglieder wiederholen Vaters Folklore, antworten ihm oder verweben ihre Stimmen mit seiner, bis das Baby vollkommen in einen Klangteppich gehüllt einschläft. Oft bieten afrikanische Familien den Kleinsten einen ganzen Chor an seinem Bettchen. In Papua-Neuguinea und auf den Salomoninseln dürfen dagegen nur Frauen Wiegenlieder singen. Ob es daran liegt, dass die Männer in diesen Gebieten wenig stimmbegabt sind, ist nicht überliefert.

Weil es in der Welt zumindest in Sachen Gute-Nacht-Lied gerecht zugeht, ist bei den Tschakobo im Amazonasgebiet das singende Einschläfern Männersache: Väter, die ihre zukünftige Berufung als Schamanen sehen, erfinden für ihre Kinder Wiegenlieder, in denen es um die Ankunft von Geistern geht. Die Kinder müssten keine Angst vor diesen haben, heißt es darin.

Zum Singen gehört oft auch das Wiegen. Afghanische Babys schaukeln dabei nicht unbedingt in Mamas oder Papas Armen, sie liegen auch manchmal auf den Beinen eines Elternteils, wobei das Köpfchen auf die Füße gebettet ist. Mutter oder Vater wiegt es in dieser Position, bis es schläft. Die Fischer einer Insel im Chinesischen Meer haben indes ein System aus Stöcken erfunden, mit dessen Hilfe die Betten der Kinder auf dieselbe Weise schaukeln wie die Boote auf dem Meer. Guten Abend, gute Nacht, jetzt wird Heia gemacht!

Babys Chauffeure: Mamas und Papas tragende Rolle

Früher wurden Tragetücher und -rucksäcke als Baby-Accessoires der Hippie-Mütter und Teetrinker-Väter belächelt, heute schnallen und wickeln sich auch die hippsten Eltern ihre Kinder an den Körper. Sogar Promis wie Sängerin Beyoncé oder die Schauspielerinnen Julia Roberts und Kate Hudson sind überzeugte »Känguru-Mamis«. Es gibt inzwischen Tragen in den verschiedensten Formen, in stylischen Designs und mit so viel Schnickschnack, sodass nicht nur Hollywood-Diven, sondern auch die technikaffinsten Papis ihren Spaß damit haben. Außerdem stärkt der ständige Körperkontakt die Bindung zwischen Eltern und Kind, es beruhigt das Kleine – und ist teilweise ungemein praktisch, man denke an überfüllte U-Bahnen in den Großstädten, in die sich eine Mutter mit Kind am Körper viel leichter hineinzwängen kann als mit Kinderwagen. In vielen Kulturen haben die Eltern auch nicht die finanziellen Mittel, um sich ein Baby-Taxi mit oder ohne Schwenkmechanismus, Babytasche, Fußsack, Regenhaube und Fliegengitter anzuschaffen. Oft sorgt auch die Unebenheit der Landschaft dafür, dass sich Eltern mit Kinderwagen keinen Weg bahnen können. Fakt ist jedenfalls, dass zwei Drittel der Weltbevölkerung den Nachwuchs tragend transportiert.

Als wie tief manche Mütter die Verbindung zum Kind beim Tragen empfinden, zeigt sich etwa in Ruanda. Dort ist das Wort für Plazenta dasselbe wie für den Tragesack aus Schafsleder, in dem die Kinder an Mamas Rücken gut aufgehoben sind. In Mali tragen Mütter ihre Babys mit Hilfe von blau gefärbten Tüchern. Dieses Blau symbolisiert in ihrer Kultur das Fruchtwasser.

Auf Bali hat das Tragen damit zu tun, dass die Bewohner die Neugeborenen als überirdisch betrachten. Aus diesem Grund dürfen sie während der ersten 105 Tage ihres Lebens auf keinen Fall den Boden berühren, denn dort halten sich Dämonen auf. Buchstäblich auf Händen werden daher die Babys getragen, oder im Tuch. Wenn die 105 Tage vorbei sind, haben Babys in einer Zeremonie den ersten Bodenkontakt. Damit ist der Übergang von der göttlichen in die menschliche Sphäre geschafft. Zum Glück dürfen sich balinesische Babys auch nach dieser Feier noch darauf freuen, viel getragen zu werden: Schließlich sollen sie weiterhin nicht »wie die Tiere« auf dem unreinen Boden krabbeln.

Auch bei den Inuit gibt es eine Tradition des jahrelangen Tragens der Kleinsten. Bis zu drei Jahren befinden sie sich tagsüber in der Kapuze des Parkas ihrer Mütter. In dieser ist ein Band eingenäht, das die exakte Position des Kindes regelt. So sitzt es darin ähnlich bequem wie auf einem Sessel.

Etwas windig indes könnte es für die Babys in den sogenannten Bilums der Mütter in Papua-Neuguinea zugehen. Bilums sind aus Bastfasern oder Baumwolle gefertigte Netztaschen, die an Einkaufsnetze erinnern. Es gibt sie in vielen Mustern, Farben und Größen. Die Mütter tragen sie auf dem Rücken, der Tragegurt jedoch verläuft über ihre Stirn. Wenn die Mütter ein weiteres Netz brauchen, etwa um Gemüse, Feuerholz oder kleine Tiere zu transportieren, hängen sie das Bilum mit dem Baby vor ihren Bauch und das andere nach hinten. Auch nachts tragen sie die Tasche mit dem Baby vorne: Sie befürchten, dass sie das Kind ansonsten nicht vor den Geistern verstorbener Frauen schützen können, die versuchen, ihm todbringende Milch unterzujubeln.

Ein Glück, dass die Kinder in den Tragerucksäcken der Mütter Kameruns ihre Feinde bald selbst bekämpfen können: Sie erhalten die Kräfte des Tieres, aus dessen Fell die Tragehilfen bestehen.

Chinesische Feldarbeiterinnen haben indes eine andere Strategie, um ihre Babys zu schützen. Sie hängen die Körbe aus Bambusgeflecht, in dem sie den Nachwuchs transportieren, hoch oben an einem Baum auf. Dort sind sie sicher.

Auch weitere Tragehilfen sind in China populär. Die bekannteste, die sogar in Europa immer beliebter wird, ist der Mei Tai. Das klingt wie ein Cocktail, ist aber ein rechteckiges Stück Stoff, an dessen Ecken Bänder genäht sind. Der Stoff bedeckt, anders als das Tragetuch, nur den Körper des Kindes, nicht den der Mutter. Diese befestigt die Bänder wie einen Hüftgurt oder wie die Träger eines Rucksacks an ihrem Körper.

Eine weitere Methode, Chinas Kinder zu befördern, sind Tragebeutel. Mütter besticken diese in monatelanger Handarbeit mit Motiven wie Schmetterlingen oder Vögeln, die

Glück verheißen, oder mit Lotus, der für ein langes Leben steht.

Andernorts verzieren Mütter ihre Tragehilfen mit klirrenden Gegenständen. Die Bassari im Senegal etwa nähen Perlenketten daran. Diese sorgen für schönen Klang, wenn die Mütter tanzen, während sie die Kinder im Beutel tragen. Im Jemen sind die ledernen Tragerucksäcke häufig mit Safran oder Kurkuma eingerieben, der schöneren Farbe wegen. Einen angenehmen Nebeneffekt gibt es auch: Die würzige Duftwolke, in die der Säugling dann gehüllt ist, übertüncht ein wenig den Uringeruch, den das Leder des Rucksacks unweigerlich annimmt.

Diesbezüglich haben es walisische Mütter leichter, sie können ihre Tragehilfe einfach waschen, wenn sie nicht mehr frisch riecht. Ihr Tragetuch, Welsh Blanket genannt, ist dick, kariert, und sieht aus wie eine Decke.

Kanga heißt das afrikanische Pendant. Es handelt sich dabei um einen rechteckigen, einen Meter breiten und 1,50 Meter langen Baumwollstoff. Mütter transportieren ihre Babys darin von Anfang an auf dem Rücken. Wenn sie ihn anlegen, beugen sie sich vor, platzieren die Kinder auf dem Rücken, ziehen den Kanga darüber und verknoten die oberen Zipfel vor dem Bauch. Ebenso verfahren sie mit den unteren Tuchzipfeln. Besonders beliebt sind Kangas in Tansania und Kenia.

Frauen im Maghreb hingegen brauchen nicht einmal ein eigenes Tuch, um tragfähig zu sein: Sie drapieren und verknoten ihre weite Kleidung derart kunstvoll, dass am Rücken eine Tasche entsteht, in der das Baby Platz nehmen und auf Tuchfühlung mit der Mutter gehen kann. Bei dieser Konstruktion rutscht das Kind weit nach unten, sodass die Mutter Schultern und Arme frei hat für Haushalt und Arbeit.

Ähnlich unaufwändig kommen die Tragehilfen der Yanomami-Frauen im Amazonasgebiet daher: Sie transportieren ihre Kinder oft bis zum vierten Lebensjahr – bis sie abgestillt sind – nur mittels eines schmalen Trageriemens.

Und dann gibt es noch das Drittel Weltbevölkerung, das sein Kind im Wagen fährt. Kinderwagen sind dabei keine Erfindung der Neuzeit. Im Mittelalter war es gang und gäbe, die Kinder in einer Schubkarre zu transportieren. Klingt praktisch, auch wenn es heute undenkbar wäre, sein Baby im selben Fahrzeug zu chauffieren wie Bauschutt und Blumenerde.

Im 19. Jahrhundert entwickelte sich der klassische Kinderwagen aus dem Stubenwagen, der damals innerhalb der Wohnung benutzt und schließlich straßentauglich wurde. Im 20. Jahrhundert beeinflusste der Automobilbau die Kinderwagenbranche: In den fünfziger Jahren hatten die Wagen die gleichen lang gezogenen Kotflügel wie Autos.

Gut zu wissen

Haltung bewahren: So tragen Mütter und Väter ihre Babys richtig

Dass Babys Traglinge sind, verraten schon ihre Reflexe: Wie Fröschlein spreizen sie ihre Beine und ziehen sie in die Höhe, sobald ihre Eltern sie heben – sie erwarten, sich an den Körper von Mama oder Papa klammern zu können. Diese Anhock-Spreiz-Haltung und anatomische Gegebenheiten wie die einander zugewandten Fußsohlen, die leichten O-Beine und die nach vorne orientierten Hüftgelenke fördern die gesunde Entwicklung der noch unreifen Hüfte und der Wirbelsäule des Kindes. Es ist daher ideal, wenn Babys diese auch in Tragehilfen einnehmen. Wichtig ist auch, dass die Tragesitze und -tücher den Säugling in seiner natürlichen Haltung unterstützen und zulassen, dass er den angeborenen leichten Rundrücken bildet. Damit das Köpfchen nicht nach hinten kippt, sobald das Baby schläft, sollte der Nacken Halt haben – aber nicht fest fixiert sein, damit der Tragling in der Lage ist, seinen Kopf immer noch selbstständig zu drehen. »Wer diese Regeln beachtet, kann sein Kind von Geburt an tragen – aber bitte in Blickrichtung zu Mama und Papa«, sagt Siri Lehmann, Trageberaterin aus Weiterstadt. Denn schaut ein Baby nach vorne, ist es schnell überfordert: »Der Blickkontakt zu den Eltern ist eine Rückversicherung, wenn neue Reize auf den Tragling einströmen.« Wenn Mama und Papa entspannt aussehen und der Herzschlag ruhig bleibt, obwohl in der Nähe ein Hund bellt, weiß auch das Baby: »Das ist nicht gefährlich.« Zudem ist es besser für seine Haltung, wenn es in Richtung der Eltern festgemacht ist: Ist der kleine Körper nach vorne ausgerichtet, würde er durch Bauch oder Brust des Elternteils ins Hohlkreuz gedrückt. »Ab dem Alter von einem halben Jahr hingegen ist es in Ordnung, wenn Kinder auch von Mamas oder Papas Rücken aus die Welt erkunden«, sagt die Trage-Expertin.

Wie sie alle heißen

Namensgebung

Emma, Mia, Ben und Luis waren 2014 die beliebtesten Vornamen in Deutschland. Woanders heißen die Kinder anders: Mittwoch und Freitag etwa, oder Cola und Känguru-Mann. Je nach Kultur geben Eltern ihren Kindern in Namensgebungs- und Taufzeremonien einen Namen, manchmal bereits am Tag der Geburt. Und dann gibt es Kulturen, in denen sich der Name mehrmals im Leben ändert.

Alexander, Freitag oder Harriet: Der Name ist Programm

Angela Merkel und Dieter Bohlen hätten ein Problem, würden sie in Island einen Ausweis beantragen wollen – nicht nur wegen ihrer deutschen Nationalität, auch wegen ihres Vornamens. Angela und Dieter sind in Island nämlich nicht zugelassen, auch wenn die Namen in Deutschland alltäglich sind. Seit 1996 gibt es auf der Insel der Elfen und Trolle ein Gesetz, das in 28 Artikeln in Sachen Namensgebung den Ton angibt. 1853 weibliche und 1712 männliche Namen stehen seither auf einer Liste, die von der isländischen Regierung akzeptiert ist. Sie reicht von Aagot bis Yrsa, von Aage bis Zóphonías.

Wollen die Eltern einen Namen geben, der nicht von der Regierung abgesegnet ist, müssen sie erst die Erlaubnis dafür einholen. Andernfalls kann die Namensgebung ins Auge gehen: Ein Mädchen namens Harriet etwa bekam 2014 seinen Pass nicht verlängert, weil sich sein Name im Isländischen nicht deklinieren lässt. Harriet hat eine isländische Mutter und einen britischen Vater. Würden beide Eltern aus dem Ausland stammen, wären die Behörden kulanter. Um mit Harriet reisen zu können, mussten die Eltern von der britischen Botschaft einen britischen Pass ausstellen lassen. In isländischen Behörden ist Harriet mit dem Namen Stúlka registriert, was auf Isländisch Mädchen bedeutet.

Doch nicht nur das Deklinieren des Namens ist den Ämtern wichtig – Namen, die von der Regierung toleriert werden, müssen auch isländisch geschrieben werden können, wie etwa Lydía oder Salóme. So sorgen die Beamten dafür, dass auch modernes Isländisches irgendwie nach Wikingern aussieht. Aber ist es das wert, dass Harriet solche Probleme bekommt?

Eine weitere isländische Besonderheit sind Patronyme, »Vatersnamen«. Das bedeutet: Ein isländisches Baby bekommt von den Eltern einen beliebigen Vornamen verpasst, aus oben genannter Liste – sein Nachname aber verweist auf den Vornamen des Vaters, manchmal auch auf den der Mutter. Der Vorname des Vaters beziehungsweise der Mutter wird durch ein »-sson« bei einem Jungen und einem »-sdóttir« bei einem Mädchen ergänzt. Fertig ist der neue Familienname. Beispiel: Björk Gunnarsdóttir ist die Tochter eines Gunnars. Ihr Bruder heißt Dreki Gunnarsson. Früher war das Vaternamensystem auch in anderen Ländern verbreitet, etwa in Schottland mit der Vorsilbe »Mac«, was für »Sohn von« stand.

Isländer sprechen sich gegenseitig in der Regel mit dem Vornamen an, selbst Regierungschefs lassen sich duzen. Und auch im Telefonbüchern ist niemand per Sie: Darin sind die Inselbewohner schön säuberlich nach Vornamen geordnet.

Ticker-Info

Isländische Vornamen: Was geht?

Ist es in Island erlaubt, seine Kinder Agnes, Björk und Valentin zu nennen? Gleich nachschauen: Auf www.nordicnames.de/wiki/List_of_approved_Icelandic_female_names sind die erlaubten weiblichen Namen gelistet, auf www.nordicnames.de/wiki/List_of_approved_Icelandic_male_names die männlichen.

Dänemark ist, was Familiennamen betrifft, deutlich toleranter als Island. Bis 2006 trugen Kinder wie in Deutschland denselben Familiennamen wie ihre Eltern. Seither aber dürfen sie als Alternative zum gemeinsamen Nachnamen wieder Vaters- beziehungsweise Muttersnamen tragen, die mit den Endungen »-sen« oder »-datter« kombiniert sind. Beispiele: Morten Jakobsen, Vibeke Gunhildsdatter. Für die Wahl eines Vornamen dürfen sich dänische Eltern ein halbes Jahr Zeit lassen.

Im Namen des Vaters wachsen auch russische Kinder auf. Russische Namen bestehen in der Regel aus drei Teilen: einem Vor-, einem Vaters- und einem Nachnamen. Wenn es sich um einen Jungen handelt, wird der Vorname des Vaters durch die Endungen »-owitsch« oder »-ewitsch« ergänzt, handelt es sich um ein Mädchen, hängt am Vatersnamen ein »-owna« oder »-ewna«. Der volle Name des russischen Ministerpräsidenten Wladimir Wladimirowitsch Putin verrät, dass sein Vater mit Vornamen ebenfalls Wladimir hieß. Seine Ex-Frau heißt Ljudmila Alexandrowna Putina, ihr Vater hieß ...? Genau, Alexander.

Wenn Russen höflich sind, sprechen sie sich mit Vor- und Vatersnamen an. Dies ist im Beruf oder gegenüber älteren Menschen die Regel. »Herr Putin« würde bei einer persönlichen Begegnung kaum jemand sagen, in der schriftlichen Kommunikation setzt sich der westliche Einfluss jedoch immer mehr durch und führt immer häufiger zu dieser Anrede. Unter Freunden reichen Vor- oder Spitzname.

In China dagegen ist der Nachname wichtiger. Grüßen sich zwei Chinesen, nennen sie zuerst diesen und dann den Vornamen. Wenn Eltern einen Vornamen für ihr Baby suchen, haben sie in China freie Wahl, sie können aus den Grundelementen des chinesischen Wortschatzes quasi frei wählen, wie sie den Nachwuchs nennen wollen. Der Vorname darf allerdings aus höchstens zwei Schriftzeichen bestehen. Meist transportieren die Eltern mit der Wahl des Namens Wünsche wie Reichtum oder ein langes Leben. Mädchennamen betonen überdies häufig die Schönheit oder den betörenden Duft der (späteren) Frau, Jungsnamen die Größe und die Großartigkeit des (werdenden) Mannes. Wünschen Eltern dem Nachwuchs vor allem Glück, versehen sie den Namen häufig mit glückbringenden Zeichen wie dem für Drache oder Phoenix. Die große Auswahl, aus der sich Namensgeber höchst kreativ bedienen können, führt dazu, dass höchst selten zwei Chinesen mit demselben Namen in einer Schulklasse sitzen.

Familiennamen indes häufen sich im Land der Mitte: 20 Prozent der Chinesen tragen die drei Namen Wang, Li oder

Zhang, sie entsprechen den deutschen Müllers, Meiers und Schmidts. Generell bestehen alle Chinesischen Nachnamen aus nur einer Silbe, selten aus zwei Silben. Ein Göring-Eckardt oder gar ein Leutheusser-Schnarrenberger wäre undenkbar. Insgesamt gibt es in China nur 4.100 Nachnamen, während Deutschland 300.000 aufweisen kann.

Gut zu wissen

Abwehr: Mit »bösem Namen« gegen den »bösen Blick«

Ein Name, der auf einen betörenden Duft hinweist? Auf die Großartigkeit seines Trägers? Nun ja, manche Chinesen bezeichnen ihr Baby auch mit einem abwertenden oder gar ekligen Begriff. Doch keine Sorge: Dieser »Milchname«, wie ein vorläufiger Spitzname genannt wird, ist keineswegs offiziell und von Dauer. Es handelt sich dabei lediglich um einen Begriff, der dafür sorgt, dass Menschen mit »bösem Blick« kein Interesse am Baby haben.

Andere Länder, andere Sitten: In Thailand befinden wir uns im Vergleich zu China in einer komplett anderen Welt, was die Ansprache betrifft. Hier sind Koseformen der Standard – und zwar gleich von Geburt an. Wenn sie ein Kind bekommen, überlegen sich Thailänder nicht nur den offiziellen Namen, sondern auch einen Spitznamen. Dabei geht es nicht um Koseformen wie Mäuschen, Krümel und Schatzilein, sondern um einen bleibenden Rufnamen. In der Regel haben der Spitz- und Vorname nichts miteinander zu tun, ein Christian würde dort eher nicht zu einem Chris werden.

Die bürgerlichen Namen der Thailänder sind oft drei-, manchmal auch viersilbig, stammen aus der Pali- oder Sanskrit-Sprache und tauchen meist nur in offiziellen Papieren und bei formellen Anlässen auf. Namen wie Nanthawat sind denn auch sehr schwierig auszusprechen für Europäer – und auch die Thailänder selbst wissen häufig nicht, wie ihre Bekannten laut ihren Papieren heißen. Das spielt im Alltag auch keine Rolle.

Bei den Spitznamen dagegen handelt es sich oft um Begriffe des Alltags wie zum Beispiel Palme, Katze, Maus, Reh. Im Kommen sind auch englischsprachige Begriffe, etwa Mint, Golf, Boy, Benz, Cola, Beer, die jedoch in der Regel Thailändisch ausgesprochen werden. »Ball« klingt dann wie »Bon«.

Meist bleiben Spitznamen ein Leben lang bestehen, es kommt aber vor, dass sie wechseln oder dass jemand gleich mehrere davon hat: einen für die Arbeit, einen für die Freunde, einen für die Familie. Journalisten titulieren teilweise sogar Spitzenpolitiker mit deren Amtsbezeichnung plus Spitznamen. Die ehemalige Premierministerin Yingluck Shinawatra etwa hieß in den Medien schon mal »Premier Krebs«. Wenn sich Frau Krebs hinter ihrem Spitznamen versteckt, hat das möglicherweise einen besonderen Grund: Angeblich wurden in Thailand Koseformen eingeführt, um böse Geister abzulenken. Wenn Familienmitglieder »falsch« angesprochen werden, gehen die Dämonen möglicherweise davon aus, dass es sich um jemand anderen handelt.

In Griechenland könnten Außenstehende ebenfalls denken, Eltern hätten einen Spitznamen für ihr Kind, denn viele von ihnen nennen es konsequent »Baby«. Dies tun sie bis zum Tag der Taufe, an dem »Baby« den richtigen Vornamen erhält. Hat »Baby« einen Pass, stehen darin vorläufig auch nur das Geschlecht und der Familienname. Der Platz für den Vornamen bleibt zunächst leer.

In der Praxis sprechen griechische Eltern ihr Kind teilweise auch vor der Taufe schon mit dem richtigen Namen an – sofern sie sich für einen entschieden haben. Gelegentlich dauert es aber auch Wochen oder gar Monate, bis ein Name feststeht, denn häufig gibt es Streit darüber. Der Tradition zufolge soll das erstgeborene Kind den Namen von Opa oder Oma väterlicherseits tragen. Seit einiger Zeit aber weigern sich junge Mütter häufig, ihrem geliebten Kind die Namen ihrer weniger geliebten Schwiegereltern zu verpassen – sie würden lieber Namen aus ihrer eigenen Familie wählen.

Manchmal kommt es in solchen Fällen zum Kompromiss. Dann trägt das Kind diverse Namen, die aus beiden Familien stammen. Manchmal geht der Streit weniger glimpflich aus: Es soll im modernen Athen Paare geben, die aufgrund der Namensfrage unversöhnlich auseinandergehen und sich scheiden lassen.

Das dürfte bei den ghanaischen Akan nicht passieren, hier folgt die Namensgebung strikten, aber höchst einfachen Regeln. Die Kinder heißen bei ihnen nicht Lisa und Alexander, sondern Mittwoch und Donnerstag. Der Wochentag, an dem ein Baby geboren wird, gibt seinen Namen vor. Die Akan haben Vornamen für jedes Geschlecht parat, die den jeweiligen

Wochentagen zugeordnet sind. Männliche Samstagskinder heißen beispielsweise Kwame, weibliche Sonntagskinder Akosua. Werden mehrere Kinder innerhalb einer Familie am gleichen Wochentag geboren, nummerieren die Eltern sie durch: Kwame wird zu Kwame Manu, dem zweiten Kwame, dann kommt Kwame Mensa, der dritte Kwame – und so weiter. Der weltweit bekannteste Träger eines Akan-Vornamen ist übrigens an einem Freitag geboren, wie sein Name verrät: Es handelt sich um den ehemaligen UN-Generalsekretär Kofi Annan. Kofi bedeutet »am Freitag geboren«. Vielleicht hat sich auch Schriftsteller Daniel Defoe von der Akanschen Art, Namen zu geben, inspirieren lassen, als er Robinson Crusoes Freund den Namen Freitag verpasst hat.

Auf Bali gibt es ein ähnliches System. Hier geht es allerdings nicht darum, an welchem Wochentag das Kind geboren ist, hier geht es allein um die Reihenfolge innerhalb der Familie. Der Name verrät, ob einem ein Erst-, Zweit-, Dritt- oder Viertgeborener gegenübersteht: Erstgeborene heißen in der Regel Wayan, Gede oder Putu, Zweitgeborene Made oder Kadek, dritte Kinder Nyoman oder Komang, vierte Ketut. Kommen mehr Kinder auf die Welt, dreht sich das Karussell wieder von vorne, Nummer fünf heißt Wayan, Nummer sechs Made. Origineller wird es, wenn Eltern entscheiden, dass der Name Wayan allein für den Erstgeborenen bestimmt ist – in diesen (seltenen) Fällen heißt Nummer fünf dann wie Nummer zwei – Made. Manchmal heißen auch alle Kinder ab Kind vier Ketut. Weil die Regierung der Götterinsel propagiert, dass zwei Kinder genug seien, kann es jedoch passieren, dass Nyomans und Ketuts ebenso wie Pandabären vom Aussterben bedroht sind.

Was die Namensgebung betrifft, herrscht in Bali übrigens Gleichberechtigung: Mädchen heißen genauso wie Jungs. Der einzige Unterschied besteht darin, dass ihrem Namen ein »Ni« vorangestellt ist und dem eines Jungen ein »I«.

Bei den westafrikanischen Yoruba beschreibt der Name die Umstände während der Geburt noch genauer als auf Bali. Hier heißt ein Kind nicht nur »Drittgeborener«, hier gibt es etwa den Namen Idowu, der »Kind, das nach Zwillingen geboren wurde« bedeutet. Auch andere Begebenheiten tauchen im Namen auf. Wenn etwa eine Dorfbewohnerin kurz vor der Geburt eines Mädchens gestorben ist, heißt jenes in der Folge möglicherweise Yetunde, was bedeutet: »Die Mutter kam zurück«. Auch der Wetterbericht zur Geburt wird gerne im Namen verewigt. Beijide etwa heißt: »Kind, das in der Regenzeit geboren wurde«.

Später im Leben ändert sich der Name der Yoruba möglicherweise nochmals und beinhaltet dann beispielsweise Hoffnungen für die Zukunft. Dunsimi ist etwa ein beliebter Name, er besagt: »Stirb nicht vor mir«.

Bei den westafrikanischen Dagara klingt die Namenssuche nochmals aufwändiger. In einem Ritual, in dem bereits während der Schwangerschaft das ungeborene Kind angehört wird, kommen seine künftigen Eigenschaften und seine Bestimmung auf Erden ans Tageslicht (siehe Seite 46). Aufgrund dieser Informationen erhält das Kind einen passenden Namen. Wenn es ein Junge ist, wird ihm dieser drei Wochen nach der Geburt offiziell verliehen – ein Mädchen muss vier Wochen darauf warten. Der Tradition zufolge besitzt das Kind den Namen, bis es fünf ist. Danach besitzt er das Kind. Das heißt: Der Name ist Programm. Er leitet das Kind in Richtung seiner Bestimmung und erinnert es immerzu daran.

Bei den Aborigines verhält es sich mit dem Zweitnamen ähnlich. Neben dem Vornamen wird jedem der australischen Ureinwohner ein Totemname zugewiesen. Totem bedeutet »Verwandtschaft«, »Familienabzeichen«. Das Totem, das jemand im Namen trägt, ist eine Art Schutzgeist. Meist handelt es sich dabei um ein Tier, manchmal um eine Pflanze, etwa ein Känguru oder einen Adler. Der Name verknüpft die Person eng mit dem jeweiligen Totemtier, woraus Aufgaben, Rechte und Pflichten entstehen. Ist das Totem etwa ein Känguru, wird der Namensträger aufgrund der spirituellen Verwandtschaft auf keinen Fall eines jagen und töten. Der Totemträger wird sich selbst als »Känguru-Mann« bezeichnen.

Auf Hawaii erfahren Familienmitglieder über eine Eingebung, wie der Name des Neugeborenen lauten soll, etwa via Zeichen, Visionen oder Träume. Oft sind die Namen für beide Geschlechter gültig. Ali'ikai bedeutet beispielsweise »König oder Königin des Meeres«, Ku`u Hoaloha `Oi heißt »mein bester Freund«.

Gut zu wissen

»Ich heiße @«: Die Top 5 illegaler Namen

Wer glaubt, dass Namen wie Gudrun oder Hartmut nicht gut genug sind für ein heutzutage geborenes Baby, kennt die Top 5 der weltweit schlimmsten Namen nicht. Die gute Nachricht: Beamte haben in diesen Extremfällen verhindert, dass Kinder ausbaden, was Eltern ihnen einbrocken wollten. In einem der Fälle konnte auch das Kind selbst das Schlimmste verhindern. Hier sind die verbotenen Namen:

1. Talula does the Hula from Hawaii

Wirklich wahr: Neuseeländische Eltern konnten ihr Mädchen »Talula does the Hula from Hawaii« nennen. Im Alter von neun Jahren war ihr dieser Name so peinlich, dass sie 2008 vor Gericht zog, um ihn abzulegen. Sie hatte Erfolg mit ihrer Klage.

2. Brfxxccxxmnpcccclllmmnprxvclmnckssqlbb11116

Nein, die Autorin dieses Buches ist nicht beim Schreiben eingeschlafen, mit dem Kopf auf der Tastatur. Bei »Brfxxccxxmnpcccclllmmnprxvclmnckssqlbb11116« handelt es sich wirklich um einen Namen, den ein schwedisches Pärchen seinem Kind als Protest gegen die strengen Namensgebungsgesetze im Land verpassen wollte. Ausgesprochen hätte das Paar den Namen »Albin«. Sie kamen damit nicht durch – der strengen Gesetzgebung wegen. Der zweite Versuch, das Kind »A« zu nennen (was sie ebenfalls »Albin« ausgesprochen hätten), scheiterte wieder. Und weil die Schweden ach so streng sind,

sind auch andere Eltern mit gewissen Vorschlägen nicht durchgekommen. Auch die Namen Metallica, IKEA, Veranda und Superman kamen nicht zum Zug. Akzeptiert haben die Behörden indes Google und Lego.

3. @

Das Paar dachte wirklich, einen liebevollen Namen gewählt zu haben: Das @-Zeichen, das in E-Mail-Adressen Benutzernamen und Domain verbindet. @ wird im Chinesischen ausgesprochen wie *ai-ta,* was so ähnlich klingt wie »lieben ihn«. Nix da, urteilten aber die Behörden – und das Paar musste einen anderen Namen wählen. Doch: Andere Länder, anderes Internet. In Ägypten konnte ein Paar sein Kind »Facebook« nennen, es wollte damit der Rolle des sozialen Netzwerks während der ägyptischen Revolution huldigen. Die Demonstranten hatten es häufig genutzt, um sich zu organisieren. In Israel heißt ein Kind »Like«, nach dem »Gefällt mir«-Button des sozialen Netzwerkes.

4. Schnucki

»Schnucki« wollten tatsächlich Eltern in Deutschland als Namen für ihr Kind wählen, der Staat hat's aber verboten. Jede Wette, dass sie ihren Thomas oder Christian oder wie er nun offiziell heißt dennoch Schnucki nennen.

5. Kim Jong Un

Naja, für nordkoreanische Verhältnisse klingt der Name gar nicht schlecht: Kim Jong Un heißt der Diktator im Lande. Allerdings möchte er, dass niemand sonst heißt wie er. Er hat also Ende 2014 verboten, dass Eltern ihre Kinder nach ihm benennen. Wenn sie sich dennoch trauen, würde die Geburtsurkunde ungültig.

Taufe und Namensfeste: Feiern für Bürgerliche, Königs- und Gotteskinder

Was die Namensgebung betrifft, sitzen viele Christen einem Missverständnis auf: Die Taufe bei Katholiken und Protestanten hat aus neutestamentarischer Sicht nichts damit zu tun, dem Kind einen Namen zu verpassen. Es geht vielmehr darum, den Nachwuchs als neues Mitglied in die Kirche aufzunehmen. Weil die Taufe oft wenige Wochen nach der Geburt stattfindet und der Pfarrer die Eltern auch explizit nach dem Namen des Täuflings fragt, vermuten viele Gläubige, dass auch der Name bei der Feier offiziell wird. Als zweiten Vornamen wählen Katholiken häufig auch den Namen des Taufpaten, um die geistliche Verbindung der beiden zu verdeutlichen. Und überhaupt: Ganz unabhängig von der Namensgebung kann die Taufe auch nicht gesehen werden – zumindest theoretisch nicht. Es kann nämlich sein, dass der Täufling einen Taufnamen erhält, der vom bürgerlichen abweicht. Dies passiert in der Praxis nur bei der Taufe älterer Kinder oder Erwachsener. Wenn etwa ein Erwachsener keinen Namen trägt, der auf einen Heiligen zurückzuführen ist, aber er aufgrund seiner Religiosität gerne einen hätte, kann er einen eigenen Taufnamen wählen.

In Deutschland war dies bei einem 15-jährigen Mädchen namens Seraphine der Fall, die bei ihrer Taufe im Alter von 10 Jahren den auf mehrere Heilige zurückgehenden Taufnamen Kaj erhalten hat. Diesen Vornamen wollte sie ihrem bisherigen voranstellen. Das Bundesverwaltungsgericht genehmigte dies: Für die Namensänderung liege ein wichtiger Grund vor. Die Wahl eines Taufnamens gehöre in diesem Fall zur Praktizierung des Glaubens.

In der Regel aber werden in der katholischen und der evangelischen Kirche – im Gegensatz zu manch anderen Religionsgemeinschaften – bereits Säuglinge getauft, deren Eltern sich nach Belieben bereits von Anfang an für christliche Namen entscheiden. Die Taufe wird vollzogen, indem der Pfarrer den Täufling mit geweihtem Wasser übergießt und folgende Taufformel spricht: »Ich taufe dich im Namen des Vaters und des Sohnes und des Heiligen Geistes.« Wer es besonders gut meint und wer die Möglichkeit hat, es zu organisieren, tauft sein Kind symbolträchtig mit Wasser aus dem Jordan, denn der Fluss ist die Taufstätte Jesu.

Im Gegensatz zu den oben genannten Feiern des Taufsakraments spielt die Namensgebung in der griechisch-orthodoxen Taufe eine entscheidende Rolle: Bis zur Taufe nämlich trägt das griechische Kind offiziell noch keinen Namen (siehe Seite 241). Jetzt aber ist es so weit: Der Pate verkündet während der Zeremonie, wie das Kind heißen wird. Er spricht sich freilich zuvor mit den Eltern ab, theoretisch aber könnte er ihnen in den Rücken fallen und nun, in der Kirche, einen anderen Namen nennen. Auch wenn die Eltern den Namen nicht abgesegnet haben, wäre er nun gültig. Der

Priester taucht das Kind anschließend komplett in Wasser ein.

Während der russisch-orthodoxen Tauffeier wird das Kind sogar drei Mal eingetaucht. Wenn es das nicht mag und überhaupt weint, weil die Prozedur in der Regel sehr lange dauert, haben die Eltern in dieser Konfession einen klaren Standortvorteil: Sie kriegen gar nicht mit, wenn ihr Kind leidet. In der Regel sind sie bei den russisch-orthodoxen Taufzeremonien nicht anwesend, der Pate übernimmt diesen Part allein. Als Belohnung für diese Prozedur gibt es anschließend viele Geschenke für das Baby, die teuersten vom Paten.

In Polen achtet die gesamte Familie genau darauf, was zur Taufe geschenkt wird. Das Baby darf trotz der christlichen Symbolik etwa keinen Kreuzanhänger bekommen, da dies bedeuten würde, dass es lebenslang ein Kreuz zu tragen hätte. Ein silberner Löffel wiederum darf nicht auf dem Geschenketisch fehlen: Er garantiert, dass der Täufling niemals an Hunger leiden wird. Auch Bonbons sowie eine Münze kriegt er in die Kleidung gelegt, in der Hoffnung auf ein reiches, angenehmes Leben. Auch während der Prozedur in der Kirche müssen die an der Taufe Beteiligten aufpassen: Wenn die Taufkerze mit der linken Hand angezündet wird, mutiert das Baby - oh Schreck - zum Linkshänder! Muss ja nicht sein ... Noch wichtiger ist, dass die Kerze während der Tauffeier nicht erlischt, sonst könnte das Leben des Täuflings verfrüht enden.

In Irland ist für einen Teil des Caterings der Tauffeier schon längst gesorgt: Dort heben die Eltern in spe traditionell einen Teil der Hochzeitstorte auf, natürlich tiefgefroren, um sie bei der Feier des ersten Kindes zu essen.

Nachgefragt bei Domvikar Detlef Pötzl, Diözesanjugendpfarrer aus Bamberg

Christen taufen üblicherweise bereits Neugeborene, während die Angehörigen anderer Glaubensgemeinschaft manchmal erst im Erwachsenenalter selbsttätig in die Taufe einwilligen. Warum haben es die Christen so eilig?

» Die christlichen Glaubensgemeinschaften sind sich selbst nicht ganz einig, welcher Weg der richtige ist. Die römisch-katholischen, die orthodoxen und die evangelischen Kirchen laden dazu ein, Kinder schon im Säuglingsalter zu taufen, andere kirchliche Gemeinschaften betonen, dass zur Taufe eine bewusste Glaubensentscheidung notwendig ist, und forcieren die Taufe im mündigen Alter.

Wenn ein Kind im Kindesalter getauft wird, erklären die Eltern ihren eigenen Glauben. Sie stehen zu ihrer Überzeugung, dass Gott der Herr des Lebens und der Liebe ist. Gleichzeitig bringen sie ihren Dank für die Geburt und für das Geschenk des Lebens zum Ausdruck. Außerdem bitten sie um Kraft, Stärke und Segen für ihr Kind und für sich selbst.

Die Kindertaufe hat ihre Begründung in der Botschaft und Praxis Jesu Christi. Er hat selbst verkündet, dass Gott allen Menschen das Heil zusagt, die sich zu ihm bekennen. Er hat den Auftrag an seine Jünger gegeben, dass sie in die Welt gehen sollen, um alle Menschen zu taufen (vgl. Mt 28,19-20). Außerdem hat er selbst die Menschen, die mit ihm unterwegs waren, aufgefordert, die Kinder zu ihm kommen zu lassen, da ihnen das Himmelreich gehöre (vgl. Mk 10,13-16).

Letztendlich ist auch die Taufe ein Geschenk Gottes. Der Glaube an Gott und die Entscheidung für ihn hat nicht nur mit Verstand zu tun. Vielmehr bedeutet Glauben auch Vertrauen. Schon bevor Kinder »Mama« und »Papa« sagen können, wissen sie, wer ihre Eltern sind, wo sie sich geborgen fühlen und wem sie vertrauen können. Säuglinge und Kinder haben eine Beziehung zu Gott, wie König David in Psalm 8,3 sagt: ›Aus dem Mund der Kinder und Säuglinge schaffst du dir Lob, deinen Gegnern zum Trotz.‹

Die Taufe ist also für ein Kind ein wichtiger Schritt, ein lebensprägendes Ereignis, eine zärtliche Zuwendung – auch wenn das Kind die Feier in der Regel verschläft.«

Gut zu wissen

Der Pate: Verantwortungsvoller Job für Reiche

Viel hilft viel? Der britische Thronfolger George Alexander Louis jedenfalls ist mit sieben Taufpaten gesegnet. Neben zwei royalen *godfathers* – so der englische Begriff für »Pate« – standen auch bürgerliche Freunde der Eltern am Taufbecken. Ganz schön viele, da gab es wohl einen Königsbonus, denn das gemeine Volk muss in England mit weniger Begleitern Vorlieb nehmen. In christlichen Kirchen ist die Patenschaft ein Ehrenamt. Der Auserkorene begleitet den Täufling beim Empfang seines Sakraments, ist Zeuge der Geschehnisse in der Kirche und wird im Kirchenbuch vermerkt.

In der Kirche von England gibt es gewöhnlich nicht mehr als vier, meistens drei Paten. Ein Junge sollte zwei männliche und einen weiblichen haben, ein Mädchen zwei weibliche und einen männlichen. In Deutschland sind eher nur ein bis höchstens zwei Paten üblich, meist enge Freunde oder Geschwister der Eltern. Und keine Sorge: Paten müssen nicht als Vormund einspringen, falls den Eltern etwas zustößt, zumindest in Deutschland nicht. Eltern sollten für diesen Fall Vorsorge treffen, damit ihre Kinder im Fall der Fälle von Wunschkandidaten unter die Fittiche genommen werden und beispielsweise nicht von der ungeliebten Tante Gundula.

Es gibt jedoch Länder, in denen den Paten gesellschaftlich mehr abverlangt wird als sich ab und an blicken zu lassen, etwa in Griechenland. Die Paten spielen schon bei der Taufe eine größere Rolle als etwa in der katholischen Kirche, was unter anderem an der Tatsache deutlich wird, dass sie eigene Gäste einladen dürfen. Das hat seinen Preis: Paten müssen sich an den Kosten für die Tauffeier beteiligen, die Ausstattung kaufen und zumindest einen Teil der Kosten für Kirche und Feier tragen. Und es geht weiter: Lebenslang fungieren sie als Geschenkegeber.

Spätestens seit der Wirtschaftskrise in Griechenland geht es beim Patenamt auch darum, ob man sich ein Patenkind leisten kann und will. Auf Kreta gibt es im Freundes- und Bekanntenkreis so viele Absagen auf dieses kostspielige Amt, dass verzweifelte Eltern schon Anzeigen in Lokalzeitungen schalten auf der Suche nach einem Paten. Die Idee, enge Freunde über diese Aufgabe an die Familie zu binden, ist damit dahin.

Es gibt indes auch andere Aspekte als finanzielle, die eine Patenschaft verhindern, zumindest in Polen. Dort darf die Patentante weder schwanger noch verwitwet sein, das würde Unglück über den Täufling bringen. Am besten fragen die Eltern also kurz vor der Taufe nochmals den Hormonstatus der Auserwählten ab. Falls jemand, der für das Patenamt erkoren ist, dieses ablehnt, beschert er dem Täufling ebenfalls Pech, so der polnische Aberglaube. Auch in Irland sollte übrigens keine Schwangere am Taufbecken stehen. Sonst könnte entweder dem Täufling oder dem ungeborenen Kind der Patin etwas zustoßen, befürchtet man.

In anderen Regionen und Religionen feiern Eltern, Verwandte und Freunde ebenfalls Feste zur Namensgebung. In Sierra Leone sind die Menschen davon überzeugt, dass ein Baby noch keine eigene Identität hat, solange die Nabelschnur nicht abgefallen ist. Wenn es aber so weit ist, ist es an der Zeit, dem Kind einen Namen zu geben. Während der entsprechenden Feier bekommt es zudem die Haare rasiert.

Auch in Sambia bekommt das Kind einen Namen verpasst, sobald die Nabelschnur ab ist. Gewöhnlich veranstaltet dann die Großmutter mütterlicherseits eine passende Zeremonie. Die Mutter des bislang noch Namenlosen wird dabei gefragt, wovon sie während der Schwangerschaft geträumt hat. Anschließend wird auch das Baby interviewt. Es wird mit den Namen der Vorfahren konfrontiert. Lächelt es bei einem der Namen, sind die Älteren überzeugt, dass der Vorfahre im Körper des Kindes schlummert. Sie benennen es folglich nach dem Verstorbenen. Weint das Baby aber in der folgenden Nacht, fahndet die Familie nach einem anderen Namen, im Zweifel sogar noch mehrmals – so lange, bis das Baby endlich friedlich schläft, im Frieden mit seiner Identität.

Ein bisschen mehr Zeit bis zur Namensfeier haben in der Regel die Chagga, die rund um das Kilimandscharo-Massiv in Tansania leben. Hier kriegt das Kind einen Namen, wenn der erste Zahn zu sehen ist.

Im Hinduismus findet die Namensgebungszeremonie – Namkaran – in der Regel an einem ganz bestimmten Tag statt, der sich je nach Region unterscheidet. Häufig handelt es sich dabei um den zehnten, zwölften oder 101ten Tag nach der Geburt. Vor der Feier werden Mutter und Kind körperlich wie geistig gereinigt, am besten im Wasser des Ganges. Dann beginnt die Zeremonie: In Maharashtra etwa liegt die Hauptperson des Tages in der Regel in einer Wiege, die mit Blumengirlanden geschmückt ist. Die weiblichen Verwandten versammeln sich darum und singen. Mutter und Großmutter bringen Goldschmuck für das Baby, einer der Gäste malt ihm einen Tilaka, einen roten Punkt, auf die Stirn. Dieser ist ein Segenszeichen und wird auch Drittes Auge genannt. Im weiteren Verlauf der Feier flüstert die Mutter schließlich die Namen der Götter und Babys Namen ins Ohr von Sohn oder Tochter. Anschließend erfahren alle anderen, wie das Kind heißt.

In Japan muss zumindest der Vater künstlerisch mehr drauf haben als nur einen roten Punkt malen zu können: Es ist seine Aufgabe, den Namen des Babys vor der Namensfeier in kunstvollen Zeichen auf ein Plakat zu malen und prominent im Haus zu platzieren. Meist findet das Fest am siebten Lebenstag des Kindes statt. Es trägt dabei weiße Kleidung, die hoffentlich nicht von den Erwachsenen bekleckert wird. Diese speisen nämlich roten Reis und frische Brasse. Roten Reis essen Japaner häufig, wenn sie etwas zu feiern haben. Die Farbe stammt von roten Bohnen, die zusammen mit dem Reis im Topf köcheln. Rot soll in Japan böse Geister vertreiben.

Auch bei den nigerianischen Yoruba bekommt das Kind am siebten Lebenstag einen Namen – sofern es ein Mädchen ist. Handelt es sich um einen Jungen, muss er zwei Tage länger warten. Kriegen Zwillinge Namen verpasst, ist für ihre Namensgebung der achte Tag nach der Geburt reserviert. Aufgeschoben werden darf die Zeremonie nicht: Die Yoruba glauben, wenn das Kind erst später einen Namen hat, werden Mädchen früher als ihre Mütter und Jungs früher als ihre Väter sterben.

Zu Beginn der Zeremonie werden das Kind oder die Kinder durch bestimmte Elemente gesegnet, die ihnen in den Mund gelegt werden. Etwa durch Wasser, das für Reinheit steht, durch Salz als Symbol für Schlauheit und durch Honig, der Glück bringen soll. Ausgestattet mit so viel Segen ist das Kind nun bereit dazu, einen Namen zu erhalten.

Nicht nur das Kind ist bei dieser Zeremonie ganz in Weiß gekleidet – auch die weiteren Anwesenden tragen diese Farbe. Obwohl die Feierlichkeit wenig mit einer christlichen Taufe zu tun hat, wird auch hier das Kind mit Wasser besprenkelt. Die Yoruba hoffen, dass diese Geste das Kind zum Weinen bringt, als Zeichen für seine Vitalität.

Anschließend schlagen die Anwesenden Namen vor, bis die Eltern einen davon auswählen. Das Baby erfährt davon, indem die Eltern ihm ins Ohr flüstern, wie es fortan heißen wird. Manchmal hält nun einer der Anwesenden eine Rede über Charakter und Bestimmung des Kindes.

Dessen Persönlichkeit dürfte bei der Namensgebungszeremonie der Massai noch deutlicher hervorgetreten sein: Hier findet sie nämlich teilweise erst nach drei Lebensjahren statt. Bis dahin trägt das Kind einen provisorischen Namen. Weil es auf seine Feier derart lange warten musste, dauert sie dafür umso länger: Ganze zwei Tage lang veranstalten Eltern die Namensgebungszeremonie.

Für das Catering sorgt ein Schlachter, der für jeden der beiden Tage ein Schaf zubereitet. Die schlechte Nachricht für die männlichen Massai: Nur Frauen dürfen davon essen, als Würdigung ihrer Schmerzen, die sie bei den Geburten ihrer Kinder ertragen. Nach dem Mahl wählen die Frauen einen Namen, der die Persönlichkeit des Kindes wiedergibt. Falls der bisherige Name als passend erscheint, kann auch dieser zum ständigen werden.

Gut zu wissen

Beschneidung: Nachher ohne Vorhaut

Brit Mila heißt die Zeremonie, bei der ein ausgebildeter Beschneider, der sogenannte Mohel, männlichen jüdischen Säuglingen die Vorhaut entfernt. Sofern keine gesundheitlichen Gründe dagegen sprechen, findet die Beschneidung am achten Lebenstag statt, andernfalls muss die Vorhaut baldmöglichst nach der Genesung des Kindes dran glauben.

Wie in der christlichen Taufe wird dabei der Bund mit Gott besiegelt. Mädchen werden indes allein dadurch zur Jüdin, dass ihre Mutter jüdisch ist. Während bei der Beschneidung der Name des Jungen bekannt wird, verkünden Eltern den Namen von Mädchen in der Regel am ersten Sabbat nach der Geburt. Eine Taufe wie im Christentum findet im Judentum nicht statt. Ob die Beschneidung schon immer ritueller Natur war oder ob sie zunächst aus hygienischen Gründen stattgefunden hat, ist nicht mehr herauszufinden.

Auch im Islam ist es üblich, dass Jungen beschnitten werden – obwohl der Koran diese Tradition nicht erwähnt. Manchmal kommt die Vorhaut erst kurz vor oder nach der Einschulung des Kindes ab, manchmal entscheiden sich Eltern auch dafür, bereits den Säugling zu beschneiden – der Psychostress sei dann geringer.

Die aufregendsten Premieren
im ersten Lebensjahr

Das erste Mal

Das erste Lächeln, der erste Zahn, der erste Brei: Es gibt so viele wunderbare Premieren im ersten Lebensjahr, die Eltern auf der ganzen Welt überglücklich machen. Manche davon erleben sie intim, allein mit dem Kind. In diesem Kapitel finden Premieren statt, die Anlass für eine kleine Feier oder sogar ein großes Spektakel bieten – vom ersten Haarschnitt bis zum ersten Geburtstag.

Der erste Haarschnitt: Kahlgeschoren, modisch oder mit Micky-Maus-Ohren

Beim ersten Haarschnitt geht es in vielen Kulturen nicht nur darum, die Matte auf dem Kopf zu bändigen und vielleicht sogar in modische Form zu bringen. In manchen Ländern ist er ein spirituelles Ritual, das eine Zukunft ohne Altlasten ermöglicht. Wann die Zeit reif ist für getrimmtes Haar, wird je nach Kultur und Modebewusstsein unterschiedlich wahrgenommen. Manchmal kommen Säuglinge bereits nach wenigen Lebenstagen unters Rasiermesser, manchmal wachsen ihre Haare jahrelang zu dichten Engelslocken.

Ungeschoren kommen Kinder in vielen islamisch geprägten Ländern nur kurz davon: Bereits am siebten Lebenstag haben sie ihren ersten Friseurtermin, im Rahmen des sogenannten Aqiqah-Rituals. Nach dem Kahlschlag des Babyköpfchens wiegt der frisch gebackene Vater das Haar in Silber oder Gold auf; dies spendet er den Armen. Falls er keine Waage zur Hand hat, schätzt er das Gewicht des Haares. Statt Gold und Silber kann er dessen Gegenwert auch in Bargeld bezahlen.

Das war's noch nicht mit dem Aqiqah-Ritus, dem nicht nur die Haare zum Opfer fallen: Falls ein Sohn das Licht der Welt erblickt hat, werden an diesem Tag zwei Schafe geschlachtet. Wurde eine Tochter geboren, geht es nur einem Schaf an den Kragen. Ein Teil des Fleisches geht an Bedürftige.

In Malaysia haben Neugeborene ein paar Tage mehr Zeit, bis sie ihr Haar lassen müssen: Erst nach der Zeit im Wochenbett findet die Cukur-Jambul-Zeremonie statt, oft im Hause der Großeltern – meist zwischen dem 40. und 44. Tag nach der Geburt. Verwandte und Freunde kommen häufig auch von weit her, um dabei zu sein. Der Vormittag dieses speziellen Tages startet mit einer Lesung aus dem Koran und mit gemeinsamen Gebeten. Anschließend tragen Vater oder Mutter das Baby zu Familienmitgliedern, Dorfältesten und religiösen Führern, die jeweils eine Locke abschneiden und danach ein Geschenk überreichen. Wenn sich alle am Haar des Babys ausgetobt haben, trägt dieses entweder noch einige wenige Locken oder gleich eine Glatze. Während der weiteren Zeremonie werden die Haare in einem Wasserglas aufbewahrt, später am Tag, nachdem die Gesellschaft gut gegessen und gefeiert hat, werden sie in der Erde begraben, oft in der Nähe des Hauses.

Eine solche Prozedur im ersten Lebensjahr ist in anderen Ländern der Welt wiederum undenkbar. Auf Sardinien etwa würde ein Haarschnitt während des ersten Lebensjahres Unglück bringen. Und auch auf korrektes Schneiden der Fingernägel achten die Inselbewohner: Maniküre gibt es immer nur freitags, am besten sogar nur durch die Hand des Taufpaten. Dies soll dem Schutz des Kindes dienen. In den Hochebenen Mittelanatoliens haben Babys indes richtig lange Fingernägel: Diese werden ihnen erst nach Vollendung des ersten Lebensjahres abgeschnitten, ansonsten könnten sie zu Dieben werden.

Auch in Deutschland ist immer wieder zu hören, dass ein Säugling vom Pech verfolgt werde, wenn er vor dem ersten Geburtstag eine Frisur verpasst bekommt. Es heißt auch, man würde im ersten Lebensjahr mit den Haaren den Verstand beschneiden. Ähnliches kursiert auf Jamaika: Dort warten Eltern mit der Frisur, bis das Kind die ersten Worte spricht – andernfalls würde der Haarschnitt die Anfänge des Sprechens verzögern. In Indien gibt es ebenfalls eher langhaarige Babys und Kleinkinder: Der erste Haarschnitt findet im Hinduismus frühestens nach dem ersten Geburtstag und manchmal auch erst kurz vor dem dritten statt. Damit sich das lange Warten lohnt, gibt es zur ersten richtigen Frisur denn auch ein fulminantes Fest, das unter den Namen Mundan oder Chudakarana firmiert, mit Gesang, Musik und jeder Menge kulinarischer Köstlichkeiten. Höhepunkt des Ganzen ist freilich der Friseurtermin, bei dem entweder der gesamte Kopf oder alles bis auf ein Büschel hinten am Scheitel geschoren wird. Meist verwendet der ausführende Priester oder Pfarrer dafür ein Rasiermesser. Und keine Sorge: Ein Profi-Friseur vollendet, was der Geistliche begonnen hat. Das Büschel Haare bleibt in der Regel als Schutz für das Gehirn stehen.

Die Prozedur hat eine tiefere Bedeutung als nur die Bändigung der Löwenmähne: Die Inder sind überzeugt davon, dass das Haar des Kindes ein Überbleibsel aus seiner Vergangenheit ist. Wird es entfernt, ist der Nachwuchs endlich von unerwünschten ehemaligen Eigenschaften befreit und bereit für eine Zukunft ohne Altlasten. Und noch mehr: Dieses Ritual soll für einen kühlen Kopf sorgen, die Blutzirkulation anregen, das nachwachsende Haar dicker und gesünder machen und sogar Kopf- und Zahnungsschmerzen lindern. Der Haarschnitt ist auch eine Kampfansage an den »bösen Blick«. Gegen Ende des Tages landet das Haar in einem fließenden Gewässer, im Idealfall im Ganges.

Noch später ist das Haar von Söhnen sephardischer und chassidischer Juden dran. Sie tragen während ihrer Baby- und Kleinkindzeit eine üppige Lockenpracht. Erst zum dritten Geburtstag bekommen sie einen Haarschnitt verpasst, meist im Rahmen einer bombastischen Upsherin-Feier. Dass Upsherin wie »Abscheren« klingt, ist kein Zufall. Dieses wird heutzutage meist riesig gefeiert, in großen Sälen mit Animateuren, Hüpfburg, Torte und Zuckerwatte.

Dass die Haare derart lange wachsen müssen, liegt am sogenannten Orlah-Gebot. Es besagt, dass ein Bauer die Früchte neu gepflanzter Bäume während der ersten drei Jahre nicht ernten, sondern hängen lassen soll. Die Gläubigen schließen daraus, dass auch die Haare ihrer Söhne drei Jahre lang unberührt bleiben sollen. Zum ersten Haarschnitt gibt es für die Jungs häufig auch die erste Kippa, die traditionelle jüdische Kopfbedeckung für Männer. Diese dürfte mit gestutztem Haar auch besser sitzen.

Wenn viele Kulturen derart groß feiern, wollen US-amerikanische Eltern natürlich mithalten. Wann dort das Spektakel des ersten Haarschnitts steigt, hängt vom jeweiligen kulturellen und religiösen Hintergrund der Eltern ab und meistens auch von der Haarmenge. Jedenfalls: Wer im

Land der unbegrenzten Möglichkeiten den Haarschnitt als unvergessliches Event haben will, vereinbart einen Termin im Harmony Barber Shop des Walt Disney Resorts in Florida, der sich auf *first haircuts* für rund 20 Dollar spezialisiert hat. Wenn die Barbiere nicht gerade singend auf der Main Street des Resorts tanzen, bieten sie dem Kind viel mehr als nur eine Frisur. Damit der Termin nämlich nicht zum haarigen Unterfangen wird, lenken die tanzenden Hairstylisten den kleinen Kunden nach allen Regeln der Kunst ab. Gleich zum Einstieg kleistern sie ihn komplett mit Micky-Maus-Aufklebern zu. Auch beim weiteren Haareschneiden wird das Kind bespaßt, es fliegen Seifenblasen oder Feenstaub durch die Lüfte, und mit etwas Glück geben die Dapper Dans, das Barbershop-Quartett, ein Ständchen zum Besten. Wenn die Haare ab sind, bekommt das gestylte Kind noch Micky-Maus-Ohren verpasst. Ein guter Trick, denn dadurch fällt es gar nicht auf, wenn sich der Friseur verschnitten hat. Als weitere Mitgebsel kriegt das frisch frisierte Kind ein Zertifikat überreicht, das seinen Todesmut beim Friseurtermin belegt, sowie ein Tütchen samt der ersten abgeschnittenen Locken, fürs Fotoalbum.

Der erste Zahn: Ein Meilenstein in Weiß

Wann sich die ersten Beißer zeigen, ist von Kind zu Kind unterschiedlich, selten kommt eins mit einem Zähnchen zur Welt. In der Regel ist der erste Durchbruch um den sechsten Lebensmonat herum geschafft.

In der Türkei lauert die Verwandtschaft ungeduldig auf diesen Moment, denn wer den ersten Zahn entdeckt, beschenkt das Baby, häufig mit Kleidung. Dies empfindet der Schenkende als große Ehre. Und das ist längst nicht alles: In vielen Regionen der Türkei gibt es eine Feier zum ersten Zahndurchbruch, die je nach Gebiet unter dem Titel Diş Hediği, Diş Aşı, Diş Bulguru oder Diş Buğdayı steigt. Zu beißen gibt es bei dem Event eine türkische Spezialität aus gekochtem Weizen, der mit Nüssen und Pistazien vermischt ist, und viele weitere Köstlichkeiten. Oft tischt die Familie auch eine wenig zahnfreundliche Torte auf, gerne jedoch in Form eines Zahnes, je nach Fertigkeit der beauftragten Zuckerbäckerin. Die Türken ehren damit den Entwicklungssprung, den der Zahndurchbruch bedeutet, sowie das dargebotene Essen.

Auch im benachbarten Armenien ist Zähnezeigen im Rahmen eines großen Festes angesagt. Agra Hadig heißt die

Zeremonie zum ersten Zahn, in der auch der spätere Beruf des Kindes vorhergesagt wird. Die Eltern verteilen hierfür auf dem Fußboden jede Menge Gegenstände, die potenziell den künftigen Job des Kindes symbolisieren, etwa ein Hammer, wenn es ein Handwerker wird, ein Kamm, wenn es Friseur lernt, oder Geld, wenn es eine Ausbildung zum Bankkaufmann macht. Der Gegenstand, den das Kind zuerst holt, entscheidet die Berufswahl. Den späteren Gang zum Berufsberater kann es sich also sparen. Ob auch der Beruf des Zahnarztes zur Wahl steht?

Hoffnungen in die Zukunft setzen auch Iren und Italiener mit ihrem Geschenk zum ersten Zahn – allerdings nicht in die weite, sondern in die nahe: In beiden Völkern bekommt das Baby anlässlich seines ersten Beißers Schuhe geschenkt. Was die Füßchen mit dem Mund zu tun haben? Ganz einfach: Dass der Zahn endlich herausschießt, bedeutet, dass das Baby wächst und gedeiht. Die Eltern können daher langsam die ersten Schritte erwarten.

Das klassische Geschenk der Russen für einen zahnenden Säugling ist noch naheliegender: Sie schenken einen Silberlöffel, auch aus medizinischen Gründen. Silber ist antiseptisch und wirkt kühlend. Ein Baby dürfte es als sehr wohltuend empfinden, auf dem Löffel zu lutschen, wenn das Zahnfleisch hochempfindlich und entzündet ist.

In Deutschland und in Skandinavien haben Babys früher als Geschenk zum ersten Zahn Fuchs-, Wolfs- oder Bärenzähne an einer Kette um den Hals gehängt bekommen, im Glauben, dies würde dem Kind ebenfalls starke und gesunde Zähne wachsen lassen. Heute kaufen Eltern hierzulande den

Kindern stattdessen Bernsteinketten. Ob diese den Schmerz nehmen, ist wissenschaftlich nicht belegt. Mediziner raten häufig ab von diesem Geschenk, denn Kinder könnten sich damit strangulieren. Auch könnte die Kette reißen und das Baby in der Folge eine Perle verschlucken. Statt der Kette sollten Eltern dem Nachwuchs lieber ein Tuch um den Hals binden: Denn gewiss ist, dass beim Zahnen reichlich Spucke fließt.

Natürlich brauchen auch die Mamas und Papas viel Geduld und Spucke, um dem Kind während der Nächte voller Zahnungsschmerzen beizustehen. Erst um den 30. Lebensmonat herum ist das Milchgebiss in der Regel komplett. Eine erste Bestandsaufnahme im Mund aber lohnt sich zumindest in England schon früher, nämlich bereits am ersten Geburtstag des Kindes: Die Anzahl der Zähne, die der junge Jubilar an diesem Tag aufweisen kann, entspricht der Anzahl der Geschwister, die er im Leben bekommt.

Der erste Sport: Total verrückte Babywettkämpfe

Auf alle Viere, fertig, los: In der litauischen Hauptstadt Vilnius findet jedes Jahr ein Wettkrabbeln statt, anlässlich des Kinderschutztages, der auf diese Weise beworben wird. 25 Athleten von sechs bis zwölf Monaten müssen eine Distanz von fünf Metern zurücklegen. Sieger des großen Krabbelns ist, wer es zuerst über die Ziellinie in Mamas Arme schafft.

Viele muslimische Inder zweckentfremden dagegen eine Sportdisziplin für einen archaischen Brauch: den Weitwurf, den andere Kulturen eher mit Bleikugeln, Speeren und ähnlichem betreiben. In manchen Regionen Indiens aber, etwa in Karnataka, werden Babys auf den Dächern von Tempeln an Armen und Beinen genommen, geschaukelt und schließlich in die Tiefe geworfen. Mehrere Meter weiter unten landen sie in einem Tuch.

Dieses Ritual ist 500 Jahre alt (manche Quellen sprechen auch von 700 Jahren). Tausende Inder versammeln sich jedes Jahr Anfang Dezember, um dem Spektakel beizuwohnen. Es soll die Kinder stark machen, ihnen ein langes Leben und den Familien Wohlstand bescheren. Im Schnitt sind die Kinder, die geworfen werden, zwei Jahre alt. Die jüngsten jedoch sind gerade mal drei Monate jung.

Auch wenn es die Kinder alt werden lassen soll, glücklicher macht das Ritual zumindest kurzfristig betrachtet nicht: Viele schreien und weinen während des Falls und wenn sie zurück zu ihren Müttern gereicht werden. Körperlich verletzt aber wurde angeblich noch niemand. Die indischen Behörden sehen dieses Ritual als äußerst kritisch an, verboten aber ist es bislang noch nicht.

So etwas Bizarres passiert nur in Indien? Mitnichten! Auch auf dem europäischen Kontinent ist es möglich, sportliches wie gefährliches Brauchtum zu erleben. Im nordspanischen Dorf Castrillo de Murcia steigt jedes Jahr zum katholischen Fronleichnamsfest eine Parallelveranstaltung namens El Colacho. Die Männer des Dorfes springen dort über die im vergangenen Jahr geborenen Babys, die als Hürden auf Matratzen auf dem Boden liegen. Den jeweiligen Sprung bezeichnen die fragwürdigen Sportler als *el salto del colacho,* »der Sprung des Teufels«. Die Männer sind daher allesamt als Teufel verkleidet. Außenstehende bezeichnen diesen Brauch als gefährlich, dabei haben die Sportler nur die besten Absichten: Sie symbolisieren die frühere Vertreibung des Teufels durch die Einwohner des Ortes. Damals, so die Legende, nahm der Teufel das Pech der Babys, über die er gesprungen ist, mit sich.

Der erste Geburtstag: Happy Birthday, Baby!

Zuckerhaltige Sahnecremetorte für die Mütter, zuckerfreier Möhrchenkuchen für die Babys, Milchschaum mit Espresso für die Mütter, Milchschaum ohne für die Babys und Rolf Zuckowski in Dauerschleife für alle: So sehen sie häufig aus, die Feiern des ersten Geburtstags, zumindest in Deutschland. Die gesamte Wohnung ist zum Activity Center für Babys und Kleinkinder umfunktioniert, inklusive Bobby-Car-Parcours, Greif-Girlanden und Stofftier-Streichelzoo. Der Trend beim ersten Geburtstag geht weg von der Feier im kleinen Kreis hin zur großen Party, bei der alle Freunde aus den Babyschwimmstunden und den PEKiP-Kursen antanzen. Vorbei die Zeit, als Geburtstagskinder nur einen Gast pro Lebensjahr eingeladen haben. Wer jedoch glaubt, dieser symbolträchtige Tag läuft in Deutschland besonders überdimensioniert ab, irrt: In manchen anderen Ländern wird der erste Geburtstag oft ebenso bombastisch gefeiert wie bei uns eine Hochzeit.

In Südkorea etwa ist der erste Geburtstag für viele Menschen die größte und teuerste Feier des Lebens, sie firmiert unter dem Namen Dol oder Doljanchi. Eltern blättern für das Spektakel häufig 7.000 bis 8.000 Euro hin. Schade bloß, dass die Geburtstagskinder vom Fest in der Regel nicht viel mitbekommen. Dass der Erste so groß gefeiert wird, hat seine Gründe in der Vergangenheit: Bis in die sechziger Jahre des vergangenen Jahrhunderts war die Säuglingssterblichkeit in Korea sehr hoch. Dass ein Baby eins wurde, war keine Selbstverständlichkeit. Wenn es das erste Jahr aber gesund überlebt hat, war das in der Tat ein Grund für eine ausgelassene Feier.

Heutzutage freuen sich Eltern natürlich ebenfalls, wenn sie ein gesundes Einjähriges hochleben lassen dürfen. Es geht im reichen Korea aber auch darum, bei einem solchen Event seinen Reichtum zu zeigen und sich als Familie zur Schau zu stellen. Viele Familien übernehmen sich finanziell mit der Feier, die mit der von Nachbars Einjährigem mithalten muss.

Weil die vergleichsweise kleinen Wohnungen der Koreaner nicht genügend Raum für ein solches Spektakel bieten, mieten viele Eltern einen Bankettsaal. In einen solchen passen denn auch alle Freunde und Verwandte aus nah und fern. Wenn es dennoch Platznot gibt, ist es nicht unüblich, in Schichten zu feiern: Erst die Familie, dann die Freunde und so fort. Es versteht sich von selbst, dass ein Dresscode wie bei einem Staatsempfang herrscht. Der einjährige Jubilar trägt koreanische Tracht samt Hut. Und natürlich lassen sich auch die Geschenke sehen. Meist handelt es sich dabei um Goldschmuck und Geldscheine.

Durch den Abend führt in der Regel ein Entertainer oder ein Zeremonienmeister, das Programm ist voll mit Spielchen und Showeinlagen. Höhepunkt ist traditionell das sogenannte Doljabi-Spiel, bei dem sich das Geburtstagskind an einem niedrigen Tisch mit diversen Objekten wie Pfeil und Bogen, Buch, Nadel und Faden, Abzeichen und Münzen bedienen darf. Was der Jubilar zuerst anfasst, soll seine Zukunft bestimmen: Greift es etwa nach dem Buch, dann wird es später einmal Akademiker werden. Nadel und Faden prophezeien ein langes Leben, das Abzeichen deutet auf großen politischen Einfluss hin. Wählt das Kind Pfeil und Bogen, steht dem Kind eine Karriere beim Militär bevor. Wenn es hingegen die Münzen nimmt, braucht es sich später um Geld keine Sorgen zu machen.

Manche Familien lassen das Kind auch zwischen trendigen Upper-Class-Alternativen wählen: Liegt etwa ein Stethoskop auf dem Tisch, steht ihm eine Zukunft als Arzt bevor. Greift es nach einem Hammer, wird es Richter. Nimmt es ein Mikrofon, legt es eine Karriere in den Medien hin.

Auch wenn das Baby einen Großteil der Feier verschlafen dürfte, kann es später alles nachvollziehen: Ein Profi-Fotograf hält jeden Moment fest.

Dieses Spektakel ist besonders verwunderlich, weil in Korea gar nicht klar ist, ob das Kind nun wirklich ein Jahr alt ist. Im Land der Morgenstille gibt es nämlich eine andere Lebensalterberechnung als etwa in Deutschland. Und so hat jeder Koreaner zwei Alter: Das, welches wie in Europa nach dem gregorianischen Kalender berechnet wird, und das, welches der Mondkalender bestimmt. Wenn ein Baby zur Welt kommt, ist es der dortigen Tradition zufolge bereits ein Jahr alt. Ferner wird es nicht an seinem Geburtstag ein Jahr älter, sondern zum Jahreswechsel, gemeinsam mit allen anderen Koreanern.

Diese Sicht der Dinge hat kuriose Auswüchse, denn wird ein Baby beispielsweise am 31. Dezember geboren, ist es an diesem Tag ein Jahr alt. Am nächsten Tag, an Neujahr (oder auch am Koreanischen Neujahrstag), ist es bereits zwei Jahre alt. Je nachdem, wann jemand Geburtstag hat, liegt das Lebensalter demnach ein bis zwei Jahre über dem eines Europäers, der am selben Tag zur Welt gekommen ist. Der Geburtstag wird indes nach dem gregorianischen Kalender gefeiert, also tatsächlich 365 beziehungsweise 366 Tage nach der Geburt – lediglich ältere Generationen feiern ihn dem Mondkalender zufolge. Es mag daher sinnvoll sein, einen Koreaner nicht nach seinem Alter, sondern nach dem Geburtsjahr zu fragen.

Gut zu wissen

100 Tage alt: Reiskuchen für alle!

Ein bemerkenswertes Fest steigt in Korea nicht erst zum ersten Geburtstag, sondern schon einige Monate zuvor: Dann, wenn das Kind 100 Tage alt wird. Die Feier, die unter dem Namen Baek-il firmiert, ist möglicherweise der koreanischen Zeitrechnung geschuldet (siehe Seite 273): Wenn ein Koreaner zu den 100 Lebenstagen des Kindes noch die neun Monate im Bauch dazu zählt, ist es insgesamt ein Jahr alt. Grund genug für ein Fest, oder?

Der 100-tägige wird in Korea zwar nicht so üppig gefeiert wie der erste Geburtstag – dennoch ist das Fest nicht von schlechten Eltern: Immerhin soll die Familie an diesem Tag einen Reiskuchen für 100 Leute anbieten. Falls nämlich Hunderte davon kosten, wird dem Kind ein langes Leben beschert. Aber keine Sorge: Die 100 müssen nicht beim Fest erscheinen, es reicht, wenn die Familie die Kuchenstücke an Nachbarn und Freunde verteilt und verschickt. Die Beschenkten bringen die Kuchenteller nicht leer zurück, sondern legen weiße Baumwolle darauf, die langes Leben symbolisiert, und obendrein Reis und Geld, was jeweils für Reichtum steht.

Vor Ort müssen nur die Familie und gute Freunde versorgt werden mit Wein und Delikatessen wie Reiskuchen mit roten Bohnen, der mit Zucker oder Honig gesüßt ist. Der Reiskuchen landet nicht nur auf den Tellern, sondern auch in den Ecken des Hauses, die die vier Himmelsrichtungen symbolisieren. Das bringt dem Kind Glück.

Manchmal gibt es beim Baek-il einen aus westlicher Sicht höchst ungewöhnlichen Fototermin. Jungs müssen dabei nackt vor der Kamera erscheinen, denn es gilt, ihre Männlichkeit zu dokumentieren.

Üppig wie in Korea feiern auch Chinesen und Vietnamesen den ersten Geburtstag ihrer Kinder. Und auch in anderen Ländern hat die Vollendung des ersten Lebensjahres eine besondere Tradition: In Nigeria ist es bei der Feier ebenfalls nicht mit einem Kuchen und einem Lied getan – da werden eine Ziege und im Idealfall sogar ein Rind gebraten. Das Essen muss denn auch für eine große Gesellschaft reichen. Der erste, der fünfte, der zehnte und der fünfzehnte Geburtstag eines Kindes sind Gründe für bombastische Feiern. Ähnlich auf Kuba: Dort bringt es Eltern an ihre finanziellen Grenzen, den ersten und den fünfzehnten traditionell mit Spektakeln zu begehen, die ihresgleichen suchen (siehe Kasten). Dennoch lassen sich die Familien die Feste nicht vermiesen. Sie gehören zum Leben dazu wie das Kindermachen, -kriegen und -haben.

Nachgefragt bei Agustin Perez Suarez aus Havanna, dreifacher Vater

Wie haben Sie in Ihrer kubanischen Familie den ersten Geburtstag Ihrer Kinder gefeiert?

» In Kuba ist es üblich, ein riesiges Fest zum ersten Geburtstag jedes Kindes zu veranstalten, das fast so groß ist wie eine Hochzeitsfeier. Hier ist jeder glücklich und erleichtert, wenn das Baby das erste Lebensjahr gut und gesund überstanden hat.

Das Problem der ersten Geburtstage aber ist, dass sich das nicht jeder leisten kann. Früher hat der Staat Kindergeburtstagsfeiern großzügig unterstützt, bis die Kleinen sieben wurden. Inzwischen fällt die Unterstützung nicht mehr so üppig aus: es gibt bis zum siebten Geburtstag eine Torte, Süßigkeiten und drei oder vier Flaschen mit süßem Sirup. Alles andere müssen die Eltern selbst bezahlen, was sehr teuer ist, weil die gesamte Verwandtschaft, die

Nachbarn und viele weitere Gäste kommen und gut versorgt sein wollen.

Bei den ersten Geburtstagen meiner Kinder haben wir viel zu essen angeboten, auch einen tischgroßen Kuchen, und einen Clown engagiert. Zum Feiern gehört bei uns, dass wir viel Musik machen und tanzen. Es ist mir schon klar, dass die kleinen Geburtstagskinder selbst nicht viel vom Fest mitbekommen. Dennoch ist uns Kubanern wichtig, dass jeder seine Party hat. Nachdem meine Kinder sieben wurden, mussten wir jedoch aufhören damit, sie groß zu feiern. Es wurde zu teuer. Mit 15 aber bekommt jedes Kind wieder eine riesige Feier, dieser Geburtstag symbolisiert den Übergang vom Kind zum Erwachsenen.«

Danke

Wer im chinesischen Jahr des Pferdes geboren wurde, ist beliebt, gut gelaunt, kreativ, weise und steht auch finanziell gut da. Insofern war es bestimmt schlau, dieses Buch genau jetzt entstehen zu lassen. Auch unser Sohn Valentin ist im Jahr des Pferdes geboren. Er hat es knapp hineingeschafft. Wäre er nur zwei Tage früher geboren, wäre er eine zwar kluge, aber auch hinterlistige Schlange. Ein glücklicher Zufall, auf den Millionen von Chinesen bewusst hin... äh, hinzielen.

Dass ich es trotz eines Säuglings und seiner bezaubernden, aber fordernden Schwester schaffen konnte, dieses Buch zu schreiben, habe ich vielen Leuten zu verdanken. Allen voran Harry: fürs Ermutigen, Gegenlesen und seine Geduld, wenn alles andere liegen geblieben ist, damit ich noch schnell ein paar Zeilen in den Computer hacken konnte … *»Women with clean houses do not have finished books«* – das Zitat der Autorin Joy Held gilt fürs Lesen ebenso wie fürs Schreiben, und da ich das Buch bekanntlich beendet habe, bedeutet das, nun ja …

Natürlich danke ich auch meinen beiden Süßen, Antonia und Valentin. Ihr seid verantwortlich dafür, dass ich so verrückt bin nach dem Kinderkriegen und -haben und danach, darüber zu schreiben.

Mein Dank gilt zudem: Theresa, Freundin und beste Babysitterin, die mir durch das Kinderbespaßen den Rücken freigehalten hat. Meiner Freundin Minensie, die ihre kubanischen Kontakte angezapft hat, um mir die dortige Babykultur näherzubringen. Schön dass ich ihren Vater aus Havanna auf seinem Bambergbesuch kennenlernen durfte! Nikos Garifallos aus Athen, meinem früheren Brief- und jetzigem Facebook-Freund, für die Einblicke in die griechische Tradition. Er war auch höchst empfänglich für das Babythema, denn immerhin ist er Ende 2014 selbst Vater geworden, von Dimitris, der natürlich ebenso heißt wie sein Großvater. Vielen weiteren Freunden aus der ganzen Welt und aus dem World Wide Web, für ihre Erzählungen. Meinem Agenten Kai Gathemann, der mich mit dem CONBOOK Verlag zusammengebracht hat und als ständiger Motivator im Hintergrund agiert. Meinem Verleger Matthias Walter für sein Vertrauen, seine Offenheit, seine konstruktiven Ideen. Meiner Lektorin Eva Reinitz für den Feinschliff und die kritischen Fragen.

Den Lesern danke ich für ihr Verständnis, sollten mir Fehler unterlaufen sein. Auch bitte ich darum, dass sie mir Stereotypen, die im Buch auftauchen, verzeihen. Natürlich werden nicht alle niederbayerischen Mädchen-Papas als Büchsenmacher bezeichnet, und in den Kreißsälen der Welt halten nicht nur werdende Papas die Händchen der wehenden Frauen, sondern auch mal gleichgeschlechtliche Lebenspartner. Die Verallgemeinerungen zeigen, was gemeinhin typisch in den jeweiligen Regionen ist.

So, und jetzt lassen wir das Pferd laufen!

Schmausen und grausen Sie mit Julia Schoon einmal rund um den Globus. Dabei ist eines sicher: Am Ende wird Ihre Definition von »Delikatessen« nie wieder dieselbe sein …

Julia Schoon

Delikatessen weltweit
99 Spezialitäten, die Sie (lieber nicht) probieren sollten

Taschenbuch mit Farbfotos

ISBN 978-3-943176-45-2

»Vielleicht sind nicht alle Gerichte unbedingt zum Nachkochen empfohlen – den kulinarischen Horizont erweitert dieses humorvolle Buch aber ganz bestimmt.« *(Rhein-Zeitung)*

Reisen geht wie die Liebe durch den Magen – und hält dabei genauso viele Überraschungen bereit. Zum Beispiel mit salziger Yakbutter verfeinerten Tee in Tibet oder *Praerie Oysters,* die Meeresfrüchte vermuten lassen, sich aber als gekochte oder gegrillte Stierhoden entpuppen. Eine fiese Falle ist auch die womöglich köstlichste Frucht Südostasiens, die derart bestialisch stinkt, dass man aus dem Hotel geworfen wird, sollte man sie dort anschneiden.

Auf Reisen begeben sich aber auch immer Menschen, die bewusst das Abenteuer suchen. Sie wollen lebendigen Oktopus probieren? Auf nach Korea! Frisch aus der Palme gezapften Alkohol? Bekommen Sie in West- und Zentralafrika. Ameisenhonig? Im australischen Outback. Eine hübsche Mutprobe ist auch der Sourtoe-Cocktail, den Sie in Dawson City, Kanada bestellen können: Beim Trinken muss der mumifizierte Zeh darin Ihre Lippen berühren. Wenn Sie ihn allerdings versehentlich schlucken, müssen Sie nach Ihrem Tod einen neuen spenden.

»Ein interessantes, amüsant geschriebenes Buch. Es zeigt all jenen, die nicht die Gelegenheit haben, die ganze Welt zu bereisen, weltweit kulinarische Köstlichkeiten.« *(Rudolf Prasch, Alte Münze, Graz)*

CONBOOK
www.conbook-verlag.de

Erfahren Sie, was Ihnen kein Reiseführer und kein Länder-Knigge verrät – und was Ihnen der Chinese an sich und im Allgemeinen am liebsten verschweigen würde.

Der Chinese an sich und im Allgemeinen schwelgt in der Vergangenheit. Sein Verhalten und das seiner 1,3 Milliarden Landsleute begründet er bis heute mit der Geschichte, Tradition und Kultur des Landes. Unumstößlich hält er an der Meinung fest, dass Ausländer China weder kennen noch verstehen. Womit er vermutlich auch nicht ganz danebenliegt.

Hinterfragt man neugierig und vorurteilsfrei das Verhalten der Chinesen, zeigt sich eines der vielfältigsten Länder der Welt urplötzlich in einem vollkommen anderen Licht. Das Reich der Mitte hat seinen Platz in der modernen Welt gefunden und präsentiert sich ganz und gar nicht rückwärtsgewandt.

Gerade dieser anscheinende Widerspruch aus verwurzelter Tradition und moderner Weltmacht macht das Abenteuer umso verlockender, den angeblich so komplizierten Chinesen auf unterhaltsame Weise zu ergründen.

Jo Schwarz

Der Chinese an sich und im Allgemeinen
Alltagssinologie

ISBN 978-3-943176-90-2

»Jo Schwarz entführt uns auf eine Reise ins Reich der Mitte und wirft einen erfrischend humorvollen Blick auf China und seine Menschen. Seine Darstellung der Mentalität und Eigenheiten des chinesischen Volkes geht dabei weit über die üblichen Klischees hinaus.« (Adrian Kummer, 21China)

»Jo Schwarz räumt auf amüsante Weise mit allen Vorurteilen auf, die sich in den Köpfen der ›Langnasen‹ über den ›Chinesen an sich‹ festgesetzt haben – und öffnet damit den Blick auf China, wie es wirklich ist.« (Peter Tichauer, Chefredakteur ChinaContact)

CONBOOK
www.conbook-verlag.de

April 4/2015
Leben & erziehen
Das Elternmagazin
Jeden Monat NEU am Kiosk für nur € 2,70
Unsichtba
Freunde
Wenn Kinder Fantasie-Geschichten erzählen
Seite 18
Wir alle sind anders
Integrative Kita: Was Kinder dort lernen
Seite 56
So erziehen wir
Was Eltern heute wichtig ist
SEITE 20
Oster-Spezial
Hasen zum Basteln, Nähen & Verschenken
Gewinnspiel
Spielsachen fürs Osternest Seite 28
Kleine Krabbler
Babys Weg zum ersten Schritt
SEITE 14
Babys Milch
Die macht satt und ist gesund
Seite 44